¿CUÁL ES TU REALIDAD?

PSICOLOGÍA CONSTRUCTIVISTA:
¿CÓMO CREAMOS EL MUNDO?

Plutón
Ediciones

Colección
Nueva Era

¿Cuál es tu realidad?
Psicología constructivista:
¿Cómo creamos el mundo?

Ángel Alcalá

© Plutón Ediciones X, s. l., 2025

Diseño de cubierta y maquetación: Saul Rojas

Edita: Plutón Ediciones X, s. l.,
          E-mail: contacto@plutonediciones.com
          http://www.plutonediciones.com

Impreso en España / Printed in Spain

I.S.B.N: 978-84-10233-52-2
Depósito Legal: B-17857-2024

DEDICATORIA

"A mi preciosa hija Valeria, así como a Gloria Arnal y Julie Schwartz, dos grandes mujeres que aportaron su conocimiento para la elaboración de este libro"

INTRODUCCIÓN

El constructivismo es una posición epistemológica que, aun teniendo unas sólidas raíces en la historia de la filosofía de la ciencia y el pensamiento en general, no se ha puesto de manifiesto de forma efectiva en las teorías psicológicas hasta la década de 1980, a pesar de algunas notables excepciones, como George A. Kelly y Jean Piaget, entre otros, que pueden considerarse sus precursores psicológicos.

La teoría constructivista se basa en una confluencia de tendencias originadas en el seno de ámbitos tan distintos como la física o la terapia familiar. Precisamente lo que permite esta confluencia es lo que otorga su valor fundamental al psicoconstructivismo y su aplicación en psicología: su valor epistemológico como marco integrador, como metaparadigma, como posición amplia que supone una concepción del ser humano y de la realidad. Dicha amplitud, sin embargo, no le confiere un valor exclusivamente filosófico, sino que tiene implicaciones muy importantes en el campo de la psicología aplicada. Este libro, si bien hace una revisión general de esta metateoría, se centrará en uno de los campos aplicados más fundamentales y característicos de la psicología: la psicoterapia.

Antes, sin embargo, es necesario delinear los distintos puntos de partida que conducen a la confluencia constructivista. Algunos, precisamente, han sido los que un día sirvieron como modelos a la joven psicología, como la física y la biología, otros orígenes provienen de la psicología misma.

Existen distintos grados de conciencia de la posición constructivista entre estas disciplinas. En el fondo de estas diferencias está el valor que se confiere en cada una a la reflexión filosófica o metateórica integradora. En algunas se prima la elaboración de microteorías muy cercanas a unos paradigmas de experimentación concretos y otras temáticas parceladas y parcializadas. En otras, sin desechar la investigación muy especializada, se valora también la reflexión integradora que permite la interconexión de los conocimientos específicos desarrollados en cada parcela concreta del conocimiento. A la concepción que del desarrollo científico tienen las primeras, Kelly las llamó "fragmentalismo acumulativo"; y a la de las segundas, "alternativismo constructivo".

Este libro, parte de una exposición teórica fundamental e inevitable; sin embargo, su interés es particularmente psicoterapéutico, por lo que está enfocado en la comunicación humana, en su construcción, errores, paradojas y sistemas lógicos (así, como en los niveles lógicos lingüísticos) que conforman nuestra visión de la realidad. La utilización de este conocimiento, posteriormente instrumentalizado de la manera adecuada, será la que nos permita contar con una fuerza útil y aplicable en la psicología terapéutica.

CAPÍTULO 1
DENTRO Y FUERA, LO CIERTO E INCIERTO EN NUESTRA VISIÓN DEL MUNDO

Vamos a empezar este libro abordando una cuestión que, con cada vez mayor frecuencia, se plantea en la actualidad.

Me refiero a la toma de postura entre individuo y masa... o si lo prefieren los más clásicos, entre alma (psique) individual y alma (psique) colectiva.

¿Es el individuo tan solo un millón de personas dividido entre en millón? Eso, al menos, es lo que declaran ciertas ideologías y cierto enfoque de las ciencias sociales.

¿Es, por el contrario, el individuo un ser único y pensante por sí mismo, y no simplemente masa?

Desde mi campo, que es la psicología, creo poder decir que existen pruebas para demostrar ambas concepciones. Sin embargo, y aquí radica algo de suma importancia, también podemos poner ejemplos que van más allá de esta división radical, de esta dicotomía. Voy a intentar dar fe de ello.

La visión del individuo como único, a partir de la cual se postula que el entorno tan solo es un epifenómeno, ha producido hipótesis, teorías (con sus correspondientes tecnicismos) sobre todo en la semántica y la psicología cognitiva.

Pero, para explicarme mejor, tomemos, como ejemplo,

el concepto de memoria, algo que en principio todos tenemos claro qué es.

Tomaré una cita del libro *Introducción a la cibernética* de William Ross Ashby:

> *Supongamos que me encuentro en casa de un amigo y que, al pasar un coche por delante de ella, su perro corre a una esquina de la estancia y se acurruca presa del miedo. Para mí, este comportamiento es gratuito, inexplicable, carece de razones. Entonces dice mi amigo "Lo atropelló un coche hace seis meses". Con esta referencia a un hecho ocurrido seis meses antes queda explicado el comportamiento del perro.*
>
> *Cuando decimos que el perro pone de manifiesto una "memoria" nos referimos en gran parte al mismo hecho, a que su comportamiento se explica no por su estado actual, sino por el que vivió hace seis meses.*
>
> *Si no tenemos cuidado, podría decirse que el perro manifiesta una "memoria", y pensar que "tener memoria" es algo así como tener una cosa, no sé, tal vez una mancha en la piel o algo similar.*
>
> *Esto podría inducir a alguien a buscar esa "cosa" llamada memoria; y, en determinadas circunstancias luego se descubre que esa "cosa" tiene ciertas propiedades.*
>
> *Es evidente que "memoria" no es algo objetivo que posee o deja de poseer un animal (como por ejemplo los dientes), sino que es un concepto que el observador utiliza para llenar las lagunas que la no observabilidad del sistema (conducta del perro) ocasiona.*

Cuantas menos variables sean accesibles a la observación, tanto más obligado estará el observador a tener en cuenta, en el comportamiento del sistema observado, las repercusiones de acontecimientos pasados.

Por lo tanto, la "memoria" en el cerebro es solo parcialmente objetiva. Debido a eso no es de extrañar que sus propiedades (las de la memoria) se muestren muchas veces paradójicas.

No existe, pues, la menor duda de que todo este conjunto de cuestiones exige una revisión a fondo.

Hasta aquí la cita, que me he permitido "moldear" parcialmente con el fin de facilitar su comprensión.

Gregory Bateson, famoso antropólogo y uno de los padres de la posterior teoría (y psicología) constructivista, escribió en uno de sus metálogos (conversaciones ficticias entre su hija pequeña y él): "Papi, ¿qué es un instinto?". Y en vez de responder diciendo que un instinto es un modelo de modos de conducta innata transmitidos por vía genética, dice: "Un instinto es un principio de explicación".

Dicho de otro modo, un instinto es el nombre que damos nosotros a una cosa, pero con ello caemos en el peligro de la cosificación, y esto es especialmente patente en el ámbito de mi campo, la psicología, donde los profesionales utilizamos un montón de nombres que crean una pseudorrealidad.

Decimos que un paciente tiene un trastorno obsesivo compulsivo, pongamos por caso, y da la sensación de que ese denominado TOC es algo concreto, que se puede encontrar en alguna parte identificable y es extraíble como una pieza que no funciona, o está situada en un lugar no correspondiente a su función.

Aquí se hace necesario citar la frase de Alfred Korschipski, fundador de la semántica general: "El nombre no es la cosa. El mapa no es el país".

Sin embargo, generalmente no somos conscientes de ello, y somos como el esquizofrénico del chiste (chiste de psicólogos) que se come la carta del menú del restaurante en vez de los platos que allí están anotados, se queja luego del mal sabor de boca y deduce, por ello, que le quieren envenenar.

Vamos a pasar ahora a los ejemplos que parecen dar la razón a la primacía del entorno, es decir, a la sociedad. Me viene a la mente, para ilustrar esto, una historia referida al emperador Federico II (1194-1250), que llevó a cabo cierto experimento lingüístico. El emperador quería saber si los recién nacidos hablarían de por si latín, griego o hebreo, es decir, cuál era la lengua innata de los hombres, dada por Dios. Para ello hizo que un grupo de recién nacidos fuera criado por nodrizas que tenían el encargo de no hablar en presencia de los niños y de no dirigirles la palabra. Mediante la creación de este vacío lingüístico, el emperador esperaba poder determinar qué lengua empezarían a hablar los niños de forma espontánea. Por desgracia todos esos niños murieron.

Siete siglos más tarde, el psiquiatra infantil René Spitz aportó la demostración moderna de este experimento fallido. Spitz estudió la elevada tasa de mortalidad infantil en inclusas mexicanas, donde se satisfacían todas las necesidades físicas de los niños, pero donde el contacto con adultos era casi inexistente.

En este punto me viene a la mente lo que escribió el filósofo Martin Buber: "En todos los estratos sociales se confirman unos a otros los hombres en sus propiedades y capacidades humanas; y se puede calificar de humana a una sociedad en la medida en que sus miembros se confirman unos a otros recíprocamente. La base de la convivencia humana es doble y, sin embargo, una sola: El deseo de todos los seres humanos de que los otros les confirmen como lo que son o incluso como lo que pueden llegar a ser, y la capacidad innata de los seres humanos para confirmar de este modo a sus semejantes. El hecho de que esta capacidad esté yerma en tan gran proporción constituye la verdadera debilidad y la cuestionabilidad de la raza humana. La verdadera humanidad solo se da allí donde esta capacidad se desarrolla".

Otra cita muy atinada procede del padre de la psicología norteamericana, William James: "No se podría inventar un castigo más inhumano que, si ello fuera posible, el de dejar suelto en medio de la sociedad a un ser humano y que permanezca completamente ignorado por sus semejantes".

Por este motivo, la famosa historia de Kaspar Hauser es del todo imposible a la luz de nuestros conocimientos actuales sobre la dependencia del individuo respecto del sistema de referencia humano que lo confirma (y conforma).

Kaspar Hauser fue un joven que apareció en mayo de 1898 con una carta anónima de recomendación para las autoridades de Núremberg. Dijo tener 16 años, y haber pasado toda su vida encerrado en una especie de celda oscura, refirió que le pasaban la comida por debajo de la puerta y que jamás había visto ni hablado con nadie. Nunca se averiguó en realidad qué fue lo que pasó, pues tres años más tarde Hauser volvió a la casa en la que fue acogido, con varias heridas de arma blanca, debido a las cuales murió.

También podría invertirse esta causalidad lineal. Es lo que hizo, por ejemplo, la antipsiquiatría de los años sesenta del S.XX, que por cierto no ha llegado nada lejos con ello. Por aquel entonces se decía que "no es cierto que la sociedad humana sufra bajo la anormalidad mental de algunos de sus miembros. Sucede más bien, que la sociedad es patógena, es decir, generadora de enfermedad y precisamente sus miembros más sensibles padecen esa patología".

Sirviéndome de algunos estudios, me gustaría mostrar cuánto es de inmediata la relación entre individuo y colectividad.

Tomaré para ejemplificar esto una noticia que tuvo bastante repercusión en los medios a finales de los años ochenta. En un elegante club de equitación de Sao Paulo (Brasil) hubo que elevar la barandilla del mirador, porque se había repetido en muchas ocasiones el hecho de que algunas personas habían caído de espaldas por encima de la barandilla y habían resultado heridas, a veces de gravedad.

Un experto especialista en el estudio del comportamiento abordó el tema y llegó a la conclusión de que en cada cultura existe una distancia, considerada como correcta, cuando uno está de pie frente a una persona y hablando con ella. En los Estados Unidos y Europa occidental esta distancia es, aproximadamente, la longitud de un brazo extendido. Sin embargo, en los países mediterráneos y en América del Sur la distancia es bastante menor. Imaginemos que un estadounidense y un brasileño estaban hablando en aquel mirador. El norteamericano establece una distancia "correcta" con el brasileño para hablar con él, pero el brasileño tiene la impresión de estar demasiado alejado y se aproxima a su interlocutor; el norteamericano se sitúa nuevamente a la distancia que él considera correcta, el brasileño vuelve a aproximarse, pues inconscientemente se siente demasiado lejos... hasta que el norteamericano tropieza con la barandilla y cae al vacío.

Si se comete el error de mirar la cuestión desde un punto de vista psicológico que no observe este fenómeno cultural de "la distancia social correcta" podríamos atribuir al norteamericano un instinto de muerte similar al instinto de Tánatos que describía Freud. Si, por el contrario, se tiene en cuenta que se trata de una complicación derivada de dos suposiciones distintas sobre la realidad social, entonces vemos la situación de una forma completamente diferente, el hecho adquiere un sentido que antes se nos escapaba.

Otro ejemplo, después de la segunda guerra mundial, los norteamericanos enviaron a Inglaterra a un grupo de investigadores para que investigaran un fenómeno social que no se había dado nunca en proporciones tan altas, se trataba de la penetración de toda una población por cientos de miles de individuos pertenecientes a otro ámbito cultural, concretamente por soldados norteamericanos que se estacionaron en Inglaterra después de la guerra. Los científicos estudiaron la conducta de apareamiento entre los soldados americanos y las mujeres inglesas. Las chicas inglesas calificaban a los soldados como demasiado directos en lo sexual (esto era, previsible, es lo que cabe esperar, en general, de unos soldados), pero, curiosamente, lo soldados norteamericanos decían eso mismo de las chicas inglesas.

Se trató de aclarar esta contradicción y se comprobó que, en ambos entornos culturales (inglés y americano) la conducta de apareamiento, desde el primer contacto visual de la futura pareja hasta la consumación sexual, discurre a través de unos 30 estadios perfectamente constatables.

La secuencia de esos 30 estadios era muy diferente entre esas dos culturas. Por ejemplo, los besos aparecen relativamente pronto en la conducta de apareamiento de los norteamericanos y son algo sin demasiada importancia, mientras que en la conducta de apareamiento de los ingleses tienen una significación muy erótica, y aparecen en un estadio bastante tardío. Digamos que, para los norteamericanos, los besos vienen en el estadio 5, mientras que en Inglaterra se producen en el estadio 25. Imaginemos, si el soldado americano suponía que había llegado el momento de besar a la chica, esta se veía entonces confrontada con un comportamiento que no cuadraba, a su modo de ver, con lo temprano de la relación y que resultaba excesivo y desvergonzado. La chica tenía entonces dos posibilidades: huir de la situación o, por el contrario, ya que entre el 25 y el 30 quedan muy pocos estadios, comenzar a desnudarse. Ante esta segunda alternativa (la de pasar a quitarse la ropa para consumar el acto) el soldado se encontraba ante un comportamiento que él no había esperado y que consideraba "impúdico" (recordemos que estamos hablando de los años 40).

Por supuesto, ninguna de las partes era consciente de esto, solo repetían, inconscientemente, los patrones de conducta aprendidos en su cultura particular. No se daban cuenta, en fin, de que estos patrones estaban programados y ellos los repetían sin tener tanta decisión personal en su secuencia como ellos creían.

Si se cometiera un error clásico, que ocurre con frecuencia en las ciencias del comportamiento, y se observara solo a la chica inglesa sin tener en cuenta la interrelación de ambos patrones culturales de comportamiento, se podría tachar a la mujer de histérica si huía y de ninfómana si comenzaba a desnudarse.

Es importante que comprendamos que los fenómenos ocurrentes siempre derivan de la relación y que, por lo tanto, van más allá del ámbito de lo personal En la terapia de pareja, muchas veces he de enfrentarme, al igual que todos mis colegas, con personas que no son conscientes de esta manifestación supra personal de su relación. Con la idea de que, en toda relación debe existir un tercero (es decir "alguien" más que las dos personas que se relacionan) algo que es supra personal y atribuible en exclusiva a la relación, comienza la dificultad de superar nuestra mentalidad habitualmente dicotómica (bueno/ malo, correcto/incorrecto, sano/enfermo…).

En el fondo, todos nosotros dividimos el mundo así. En verdadero y falso, en bueno y malo, en blanco y negro. De ahí viene también el rechazar la incuestionable verdad de que una relación es algo más que las personalidades de los dos miembros de la misma.

La indignación y rechazo frente a este enfoque llamado sistémico, se remonta a la idea predominante en el siglo XIX que suponía que el ser humano nace con una forma de ser totalmente predeterminada.

Cesare Lombroso escribió en su famoso libro *El criminal innato*, que algunos de nosotros venimos al mundo como criminales, así como venimos con los ojos marrones o azules.

Arthur Koestler en su novela *El cero y el infinito*, hace que su protagonista, un secuaz de Stalin que va a parar a la cárcel y espera ser fusilado, escriba lo siguiente: "El partido negaba la voluntad libre del individuo al tiempo que le exigía su entrega voluntaria. Negaba la capacidad de este para elegir entre dos posibilidades, y le exigía al mismo tiempo que tomara de forma permanente la decisión correcta. Negaba la capacidad del individuo para discernir entre el bien y el mal, y le hablaba, al mismo tiempo, en tonos patéticos, de culpa y traición. El individuo estaba en el signo de la fatalidad económica, como una rueda en el mecanismo de relojería que, puesto en marcha antes de todos los tiempos, hacía sonar su tic tac imparable e inaccesible, y el partido exigía que la rueda se rebelara contra el mecanismo de relojería y cambiara su curso. En algún lugar tenía que esconderse un error en este cálculo: no salían las cuentas".

Otro ejemplo es el de Robespierre, uno de los personajes relevantes de la revolución francesa, que dijo: "Si el espíritu del gobierno en la paz es la virtud, durante la revolución es virtud y terror a la par. Terror sin el que la virtud es impotente. El terror no es otra cosa que la justicia inflexible, severa y rápida. Es un brote de la virtud. El terror no es un principio especial de la democracia, sino que se desprende de los principios que deben interesar a la Patria como preocupación urgente".

Con el invento de la guillotina se suministra la tecnología para el empleo del terror. Digamos de paso que Robespierre asistió tan solo a una de las casi cuarenta mil ejecuciones: a la suya propia. Su sensibilidad intelectual no le habría permitido más.

Recordemos a Himmler, máximo jefe de las SS (Reichsführer-SS), que asistió a una ejecución masiva de campesinos y judíos rusos en Smolensk y sintió náuseas a la primera salva de disparos, hasta el punto de que tuvo que marcharse de allí. Desde la lejanía del cuartel general expresó luego por carta el agradecimiento a sus hombres por su abnegado cumplimiento del deber.

Tenemos pues, que vérnoslas con dimensiones que nuestra mentalidad maniquea fracasa. Debemos aprender a pensar de manera distinta. El filósofo Bertrand Russell nos proporcionó una indicación muy importante y útil para ello. Russell dice que un error frecuente en la ciencia es el de mezclar dos lenguajes que deberían estar estrictamente separados entre sí. En concreto, el lenguaje que se refiere a los objetos y el que se refiere a las relaciones. Por ejemplo, cuando digo "esta manzana es verde", he designado en el lenguaje del objeto una propiedad de este objeto manzana. Si, por el contrario, digo "esta manzana es mayor que aquella", he hecho una declaración sobre la relación entre ambas manzanas y no tiene que ver con una sola de ellas, ni tampoco con las dos, sino con la relación que se establece entre ellas.

La propiedad de ser mayor no es una propiedad en sí, sino que solo puede entenderse respecto a una relación. Esto es difícil de entender. Nuestra comprensión de las propiedades de las relaciones es aún muy básica e incipiente y suele crear más enigmas que aclaraciones.

Los que quizás sean más conscientes del asunto relacional sean lo biólogos, pues ellos trabajan desde hace décadas con el concepto de "nueva formación". Los biólogos saben que cuando intervienen dos entidades en el sentido más amplio, tanto si se trata de moléculas, átomos, órganos u otros compuestos, siempre es posible constatar factores que no son el resultado de la simple suma de las propiedades de las entidades que componen la relación.

La psique de un individuo y la sociedad en la que vive son dos conceptos que se relacionan de ese modo y son, por consiguiente, inseparables.

Arthur Koestler, en su libro *La chispa divina*, apunta al hecho de que los descubrimientos e inventos, nunca o raramente, son el resultado del descubrimiento de una cosa totalmente nueva, sino del establecimiento de una relación desconocida hasta entonces, entre dos o más cosas ya conocidas. Añade que, cuanto más conocidas son las cosas en sí, tanto más asombroso, sorprendente y genial parece ser luego ese descubrimiento.

En su libro *Problemas aparentes de la realidad*, el premio nobel de física Max Planck habla acerca de algo que es, en el fondo, análogo. Se pregunta Planck cómo se puede definir o demostrar la idea de la voluntad libre. Distingue entre "dentro" y "fuera". Dice que la voluntad, contemplada desde fuera, está determinada causalmente y que contemplada desde dentro es libre. Depende, pues, del punto de vista que se adopte. "Con la afirmación de este estado de cosas se soluciona el problema de la voluntad libre. El problema surgió porque no se prestó atención a fijar y mantener expresamente el punto de vista de la contemplación. Tenemos aquí un ejemplo típico de un problema solo aparente".

La mayoría de las controversias nacen en este punto, en concreto mediante la indignación por la deshumanización del individuo a través de las corrientes modernas que se ocupan de sistemas. Realmente, y en esto coincido con muchos autores, no se debería tomar demasiado en serio la posibilidad de computarizar la vida humana, asunto que parece que interesa y preocupa a muchos. Los psicoterapeutas tratamos a veces personas que anhelan el día en el que el mundo humano se libre de una vez por todas de las irracionalidades y los desarreglos sentimentales, y pueda ser reducido a un diálogo binario de ceros y unos, tal y como hacen los ordenadores. Curiosamente, esas personas van al psicoterapeuta porque sienten un gran vacío interior.

No, no somos factores computarizables. Por un lado, estamos determinados mediante las propiedades del sistema al que pertenecemos, pero también estamos en condiciones de poder intervenir de modo autónomo y de generar cambios. Entre individuo y sistema, entre dentro y fuera existe, pues, una interdependencia que debemos tener en cuenta de forma creciente a fin de encontrar otros accesos a nuestros problemas.

Nuestra aproximación a los problemas, concretamente desde una visión que enfoque los problemas como lo que son (un sistema), debería estar condicionada por un principio que muchos expertos en la solución de problemas aplican cuando se trata de una situación muy complicada. La forma de hacerlo no consiste en preguntarse qué debemos hacer para mejorar las cosas, sino formularse la pregunta de qué deberíamos hacer para complicar más aún el problema hasta que se vuelva imposible de solucionar.

Esta mentalidad, tan negativa en apariencia, tiene la ventaja de que no ponemos la vista en algún tipo de gran ideal, sino que nos preguntamos con toda sinceridad qué propiedades del sistema debemos tener en cuenta o respetar para evitar que el problema se agrave.

El error más común es suponer que un gran problema complejo solo puede ser abordado mediante estrategias complejas de solución. Sin embargo, la historia de la evolución de la vida en nuestro planeta nos enseña algo muy adecuado, pues la gran complejidad de la vida nació de condiciones muy sencillas y avanzó a pasos pequeñísimos. Como sabemos, todas las grandes transformaciones en la evolución fueron desastrosas. Lo pequeño es lo más importante, mucho más que lo grande para producir un cambio continuo y estable. Esta gran verdad no es, desgraciadamente, tenida en cuenta muy a menudo, y los políticos, por ejemplo, lo saben, prometiendo grandes y espectaculares cambios sociales rápidamente... No hace falta comentar los resultados. Pero de lo que se trata, en el fondo, es de conseguir votos, y eso se consigue encandilando a las masas, claro está.

Las ciencias naturales han postulado hace tiempo esta serie de fenómenos implicados en el cambio y la evolución.

Recordemos el primer axioma de la termodinámica: La entropía. La entropía designa la tendencia natural de cualquier sistema de pasar del orden al desorden, al caos. Pero, por contra, existe también una entropía negativa (neguentropía) que es un tipo de proceso que podemos observar continuamente en la naturaleza: El crecimiento, la autocorrección. Desde luego, sería muy conveniente que nos convirtiéramos en aliados de esta entropía negativa.

En palabras de Heinz von Foerster, "actúa siempre de forma que se creen nuevas posibilidades".

En este punto, creo que ya estamos preparados para referirnos a ciertas vivencias en las que parece desvanecerse esa frontera de la que venimos hablando que separa, o parece separar, al individuo del entorno, lo individual de lo colectivo. Se trata de las llamadas experiencias cercanas a la muerte o ECM.

No es ninguna nueva noticia el hecho de que existen muchos estudios detallados, basados en las declaraciones de personas que escaparon por muy poco a la muerte, y todas ellas tienen un punto en común: en el instante en el que la muerte es inevitable, y en contra de lo que quizás sería habitual opinar, no hace acto de presencia el miedo a morir, sino un estado que el afectado no ha vivido con anterioridad. Se experimenta una paz increíble, un sentimiento de armonía y de sintonía, de ser uno con el mundo.

Robert Musil describe en su libro *La flecha voladora* (las flechas voladoras eran pequeñas flechas de acero lanzadas en enorme cantidad desde los aviones de la Primera Guerra Mundial contra las tropas enemigas que estaban en tierra), su vivencia del silbido de una flecha voladora en descenso.

Era un sonido tenue, cantarín, sencillo, agudo, como cuando se pellizca el borde de una copa de cristal para que suene. Pero había allí algo de irreal 'nunca, aún, lo has oído', me decía a mí mismo. Y ese sonido iba dirigido a mí. Yo estaba en conexión con ese sonido y no tuve ni la menor duda de que me iba a suceder algo decisivo. Ni uno solo de mis pensamientos era de los del tipo de los que hacen acto de presencia en el instante de despedirse de la vida, sino que todo lo que sentía estaba orientado hacia el futuro. Debo decir que estaba seguro de sentir en el instante siguiente la proximidad

de Dios en la cercanía de mi cuerpo. Mi corazón latía
ancho y sereno. No puede estar asustado ni una décima
de segundo. No faltó la mínima partícula de tiempo en
mi vida.

Otro ejemplo, similar de lo que quiero ilustrar, proviene de la literatura, se encuentra en *El idiota* de Dostoievski. El personaje principal, el príncipe Mishkin, es
epiléptico (como Dostoievski) y describe el aura, aquel
estado que se apodera del afectado pocos segundos antes de presentarse el ataque. "En estos instantes parece
que entiendo de alguna manera el significado de aquella frase inhabitual de que, en adelante, no vamos a dis-
poner ya de tiempo. Es probablemente aquel segundo
que no bastó para que el agua fluyera del cántaro de
Mahoma, aunque el profeta epiléptico tuvo tiempo para
contemplar todas las moradas de Alá". Dostoievski se
refiere aquí a la leyenda según la cual Mahoma, al entrar
el ángel de Alá en su tienda, se puso de pie y derribó
un cántaro de agua. Y cuando, después de haber con-
templado los siete paraísos, volvió a su estado mental
habitual, se dio cuenta de que el agua del cántaro aún no
se había derramado por completo.

Todo esto no es simplemente místico en el sentido
quizás negativo (es decir, en el sentido acientífico) del
término. Lo importante aquí es el hecho de que, la vivencia de la proximidad de la muerte es el punto en el
que todos percibimos de hecho la unidad entre "dentro"
y "fuera". Naturalmente esto es algo que ocurre en muy
raras ocasiones. El filósofo Ludwig Wittgenstein debía

referirse a eso cuando escribió en su obra *Tractatus*: "La muerte no es un evento de la vida. No se vive la muerte. Si se entiende por eternidad no la duración interminable del tiempo, sino atemporalidad (fuera del tiempo), entonces vive eternamente aquel que vive en el presente. Nuestra vida es tan sin fin como ilimitado es nuestro campo de visión".

Esto significa que, cuando han desaparecido todos los requisitos previos, todas las hipótesis, todas las lamentaciones referentes al pasado y toda esperanza y temor relativos al futuro, cuando uno vive en el momento singular y único, entonces vive uno, como dice Wittgenstein, en la eternidad o, tal vez, más exactamente, en la atemporalidad.

Si nos observamos a nosotros mismos, nos damos cuenta de que vivimos constantemente pensando por adelantado. Damos vueltas al pasado o alimentamos esperanzas o miedos del futuro, de forma que nunca, o casi nunca, vivimos en el momento presente. Ilustremos esto con una vieja historia zen.

En cierta ocasión le preguntaron a un hombre muy experimentado en meditación por qué podía mantenerse siempre tan concentrado a pesar de sus muchas ocupaciones. Respondió: "Cuando estoy de pie, estoy de pie, cuando ando, ando. Cuando estoy sentado estoy sentado. Cuando como, como". Los que le habían preguntado hablaron de nuevo y dijeron: "Eso hacemos también nosotros, pero ¿qué haces tú, además?". El hombre les contestó: "No. Cuando vosotros estáis sentados, ya estáis de pie. Cuando estáis de pie, ya corréis. Cuando corréis, ya estáis en la meta".

El psiquiatra Viktor Frankl dijo al respecto: "El hombre puede autorrealizarse solo en la medida en que se olvida de sí mismo, en la medida en que pasa de sí mismo". En otras palabras, la autorrealización, tan citada y tan de moda, solo es posible al precio de la autotrascendencia. ¿Es cierto, entonces, que el sentido verdadero se revela solo cuando no lo buscamos, cuando en lugar de buscar hemos aprendido a abandonar la búsqueda? Esta es una idea inconcebible para la mayoría de los seres humanos. En efecto, pensamos siempre que lo grandioso debe conseguirse en algún lugar, fuera. No nos entra en la cabeza que la búsqueda sea precisamente la razón por la que no podemos encontrar.

Dante habló de su viaje al paraíso y al infierno. Sobre la puerta del infierno había un letrero con las siguientes palabras: "Los que entráis aquí, abandonad toda esperanza". No pocos investigadores de *La Divina Comedia* coinciden en que Dante cometió aquí un error y trascribió equivocadamente sus notas. Las palabras antes mencionadas están (o esa era la intención) a la entrada del paraíso, no del infierno. Entra en el paraíso el que ha abandonado toda esperanza.

También Alexander Pope dice lo mismo: "Bienaventurado el que nada espera, pues será sorprendido de forma exquisita".

El poeta Lothar Kempter lo dice de forma muy bella:

Cierra los ojos, entonces verás.
Rompe tus muros, entonces construirás.
Aprende a aguardar, entonces irás.
Déjate caer, entonces de pie estarás.

Capítulo 2
Estilos de vida y realidad

Los seres humanos tratamos de poner orden a la multiplicidad amorfa y caleidoscópica de nuestras vidas. Tenemos necesidad de dotar de sentido a nuestra vida, para tener alguna posibilidad de preverla. Debido a este fenómeno, vivimos y experimentamos nuestra existencia en formas totalmente específicas.

En psicología se habla de estilos de vida, a más tardar, a partir de Alfred Adler, el fundador de la psicología individual.

Adler, bajo este concepto resumía aquellos comportamientos típicos con los que el individuo trata de adaptarse y de dotar de sentido a las condiciones de vida y sobre todo a los cambios que se producen en esta.

En este contexto, estudiaba especialmente los efectos de "inferioridades" efectivas (orgánicas) o supuestas (neuróticas) que por su parte se convertían, para el individuo, en el punto de partida de su forma de percibir el mundo y relacionarse con él.

Los psicólogos clínicos, que nos ocupamos de los efectos prácticos de estas pautas de conducta en la vida de los individuos, nos damos cuenta todos los días que los seres humanos intentan ordenar y vivir su vida, en grandísima medida, en función de normas culturales, religiosas, éticas y filosóficas dominantes.

Según esto, uno tiene que vivir de una forma determinada hasta que, finalmente, se imponga otra forma de vida como la correcta y natural.

Esto nos lleva al concepto de "épocas de estilo" y esto nos lleva a una pregunta: ¿el estilo de vida de un individuo en un momento dado se convierte en paradigma para muchos o, por el contrario, es caracterizado, y, por consiguiente, también limitado, por una configuración de estilo suprapersonal?

Pero con esta forma de plantear la pregunta incurrimos en un pensamiento causal lineal que no es defendible hoy en día, cuando ya sabemos que las relaciones entre objetos y sucesos van más allá de la antigua visión reduccionista de causa/efecto.

Evidentemente, existen relaciones inmediatas entre causa y efecto, pero estas son solo una pequeña parte de la estructura global del efecto del que ellas se pueden separar y absolutizar.

El hecho de que el genio y la locura aparecen como semejantes y, al mismo tiempo, incompatibles, es un ejemplo clásico del problema del pensamiento lineal. En cambio, en una perspectiva moderna, el orden y el caos se presentan como interdependientes: el orden necesita el desorden y el desorden proviene de un orden demasiado rígido. Se condicionan de forma recíproca y conjuntamente llevan a la autoorganización (autopoiesis) de sistemas de todo tipo. Esta visión, en realidad no es nada nueva; se encuentra ya en los *Upanishad*, en el taoísmo y en Heráclito.

El constructivismo moderno, la psicología constructivista, que es el ámbito de este libro, se basa en reflexiones como lo que ya comentaba el Nobel de Física E. Schrödinger "cualquier imagen del mundo es y sigue siendo una construcción mental; su existencia no puede ser justificada de ninguna manera".

Todas las construcciones, sin embargo, están inseparablemente unidas con el concepto de un estilo (normalmente más involuntario y menos personal de lo que pensamos, algo que es inaceptable de aceptar para la mayoría de las personas).

El estilo de vida propio es experimentado subjetivamente casi siempre como la única visión posible y "normal" del mundo, precisamente porque el mundo es así y no de otra manera (argumento que, como puede verse, no es argumento alguno).

Pero pongamos como ejemplo de lo que pretende transmitir la psicología constructivista un pasaje de *El lobo estepario* de H. Hesse, concretamente cuando es conducido su protagonista al llamado "Teatro Mágico".

El protagonista de la novela, Harry Haller, se siente como un lobo estepario, como "el animal perdido en un mundo extraño e incomprensible para él, ya que no encuentra su patria, su aire y su alimento".

Una tarde, de vuelta a su triste habitación, el lobo estepario tiene una vivencia extraordinaria. En un muro viejo, en una callejuela desierta del casco antiguo de la ciudad, ve de repente letras de colores en movimiento. "Teatro Mágico. Entrada no para cualquiera. ¡solo para locos!".

Este "mensaje de otro mundo" le lleva a buscar el teatro. Se acumulan otros encuentros y vivencias que ponen en duda, cada vez más su imagen del mundo. Finalmente, tras un baile de máscaras, es llevado por su psicopompo Pablo (Algo así como lo hace Virgilio con Dante en *La Divina Comedia*) al "Teatro Mágico": "Mi teatrito tiene tantas puertas de palcos como queráis: diez, o ciento, o mil, y detrás de cada puerta os espera precisamente lo que estáis buscando. Es una bonita galería de vistas, caro amigo; pero no le serviría de nada recorrerlo, así como está usted. Se encontraría atado y deslumbrado por lo que viene usted llamando su personalidad. Sin duda ha adivinado usted hace mucho que el dominio del tiempo, la redención de la realidad y cualesquiera que sean los nombres que haya dado a sus anhelos, no representan otra cosa que el deseo de desprenderse de su llamada personalidad. Esta es la cárcel que lo aprisiona. Y si usted, tal como está, entrase en el teatro, lo vería todo con los ojos de Harry, todo a través de las viejas gafas del lobo estepario".

En uno de los muchos palcos que entra el lobo estepario (cada uno contiene una realidad libremente elegida) le explica un maestro de ajedrez:

> *La ciencia tiene razón en cuanto es natural que ninguna multiplicidad pueda dominarse sin dirección, sin un cierto orden y agrupamiento. En cambio, no tiene razón en creer que solo es posible un orden único, férreo y para toda la vida.*
>
> *Nosotros completamos por eso la psicología defectuosa de la ciencia con el concepto de lo que llamamos arte constructivo. A quien ha experimentado la descom-*

posición de su yo, le enseñamos que los trozos pueden acoplarse siempre en el orden que se quiera, y con ello se logra una ilimitada diversidad del juego de la vida. Lo mismo que el poeta crea un drama con un puñado de figuras, así construimos nosotros, con las figuras de nuestros yo separados constantemente, grupos nuevos, con distintos juegos y perspectivas, con situaciones eternamente renovadas.

(…) Luego pasó la mano con un gesto sereno por el tablero, tumbó suavemente todas las figuras, las juntó en un montón y fue construyendo, artista complicado, con las mismas figuras, un juego completamente nuevo, con grupos, relaciones y nexos diferentes en absoluto. El segundo juego se parecía al primero; era el mismo mundo, estaba compuesto del mismo material, pero la tonalidad había variado, el compás era distinto, los motivos estaban subrayados de otra manera, las situaciones colocadas de otro modo.

Y así fue construyendo el inteligente artífice con las figuras, cada una de las cuales era un pedazo de mí mismo, numerosos juegos, todos parecidos entre sí desde cierta distancia, todos como pertenecientes al mismo mundo, como comprometidos al mismo origen, cada uno, sin embargo, completamente nuevo (Hesse, 1970).

Lo que Hermann Hesse solo insinuaba en *Demian*, aquí, ocho años más tarde, lo expresa claramente. Está en nuestras manos configurar nuestra vida a partir de infinidad de posibilidades, como el artista su obra de arte.

Pero veamos otro ejemplo de esta versión constructivista del mundo, a partir de la novela *The Magus* de John Fowles en la que desarrolla la idea de que real es lo que consideramos como real (el primero que fue capaz de afirmar y demostrar esto fue Carl Gustav Jung) y de que esta relativización de la realidad (también ella, cómo no, un estilo de vida) tiene unas consecuencias existenciales imprevisibles.

En dicho relato, el mago es un griego de nombre Conchis, que se entretiene en la imaginaria isla de Phraxos en el mar Egeo con un juego llamado "Godgame" (el juego de Dios), un juego que consiste en hacer temblar la comprensión de los profesores ingleses que durante un año enseñan en el instituto de la isla. En un pasaje, Conchis explica a un personaje que denomina al juego "Godgame" porque no hay ningún Dios y el juego no es un juego. Uno de los comentaristas de este libro escribió que el autor llega al punto central de la epistemología constructivista cuando explica la idea que tiene el protagonista de lo que es, realmente, una coincidencia. Para ello cuenta dos historias dramáticas; una de un rico coleccionista de arte, cuyo castillo en Francia quedó destruido por el fuego junto con todo lo que contenía; la otra historia es la de un loco campesino noruego que como un ermitaño espera desde hace años la venida de Dios. Una noche el campesino tiene la visión tanto tiempo esperada, visión que ocurrió la misma noche y a la misma hora en la que se incendió el castillo francés. El hombre que escuchaba las historias dice: "¡No querrá decir usted con eso que...!". Conchis, quien relataba las historias, le interrumpe diciendo: "Con ello no quiero decir absolutamente nada. Entre los dos acontecimientos no existe ninguna relación. O, dicho de otro modo, yo soy la relación, yo mismo soy el significado de la relación".

Esto recuerda a la revolucionaria idea de Einstein de que en el mundo físico no existe simultaneidad alguna de sucesos, a no ser que exista un observador que la produzca.

Conchis, con sus posibilidades ilimitadas, crea para sus "víctimas del juego" desprevenidas, mundos una vez en un estilo, otra vez en otro, y solo lentamente va aclarando que la pretendida realidad de la isla de Phraxos es una realidad creada por él y para él. El número de estos mundos es infinito.

Según el modo en el que nosotros creamos las relaciones, así nos convertimos nosotros mismo en el significado de la relación, somos el campesino noruego que finalmente ve a Dios cara a cara.

Se que con estos ejemplos introductorios no he dicho nada todavía sobre cómo se llega a la formación de estos estilos de vida creadores de la realidad. Para responder a esta pregunta se ofrece un tipo de experimento "non-contingent reward experiments" (no traduzco pues en castellano pierde mucho sentido la denominación). Se trata de métodos de ensayo probatorios en los que entre el comportamiento del sujeto y el del experimentador existe tan poca relación como entre la visión de Dios y el incendio del castillo, y en los que, sin embargo, el sujeto es llevado a crear esta relación. Esto se consigue poniendo al sujeto la tarea de comprender, lentamente, a través de ensayo y error, un estado de cosas que en principio le es totalmente desconocido. Lo que esta persona no sabe hasta la conclusión del experimento es la no contingencia de la situación, que consiste en que entre sus respuestas y los comentarios de correcto o falso por parte del experimentador no existe ninguna relación causal. En un experimento semejante, el sujeto tiene que averiguar si pares de número de dos cifras, de los que el experimentador le ofrece una larga lista, concuerdan o no. A la pregunta del sujeto de en qué sentido deben concordar o no concordar estos números, el experimentador responde que la tarea consiste, precisamente, en descubrir esa relación. Empieza entonces con la lectura de parejas de número, por ejemplo "48" y "12". Al sujeto se le ofrece una serie de relaciones "evidentes": son números pares, ambos son múltiplos de 2,3,4 y por tanto también de 6 y de 12; si se tratara de minutos, entonces juntos formarían una hora, y así sucesivamente. El sujeto, por consiguiente, dice que "concuerdan" y el experimentador responde "falso". En base a estas respuestas, las posibilidades tomadas justamente en consideración ya son excluidas. El siguiente par de números podría ser "17" y "83". El sujeto piensa entre otras cosas que esta vez el número menor precede al mayor; que ambos números no solo son impares, sino que también son números primos y además juntos sumas 100. Entonces se decide por "concuerdan", el experimentador, de nuevo dice "falso". Se sigue así durante algún tiempo hasta que poco a poco las repuestas son correctas cada vez más a menudo y el sujeto ha formado finalmente una hipótesis sobre la "concordancia" de estos números, aunque todavía no perfecta, pero aparentemente en gran parte correcta.

Llegados a este punto, el experimentador interrumpe el experimento, se deja explicar estas hipótesis (la mayoría de las veces muy complicadas) y comunica después al sujeto que le dio respuestas positivas de acuerdo con la mitad ascendente de una curva de Gauss, es decir, primero muy raras veces y luego cada vez más frecuentemente y que, por consiguiente, entre los dos acontecimientos (la respuesta del sujeto y la validación por parte del experimentador) no existió relación de ningún tipo. Para la mayoría de los sujetos esto es inaceptable. Después de que, con tanto trabajo, ha construido orden en un mundo sin sentido ni reglas, solo ya por eso no está dispuesto a renunciar a su construcción, porque considera este orden como una realidad encontrada y no inventada. En algunos casos la cosa puede llegar a tal extremo que el sujeto intente convencer al experimentador de que su lista de pares de números se basa en un orden que al experimentador se le pasó por alto.

Esto nos lleva a ser consciente de que un estilo de vida, el que sea, no es considerado como una posibilidad entre infinitas posibilidades, gracias a las cuales puede ser ordenado de uno u otro modo el material amorfo y caótico de la realidad. El orden, el estilo, es la realidad.

La filosofía se ha liberado de este modo de ver las cosas desde Hume y Kant (tal vez antes incluso); la ciencia desde Einstein con su famosa respuesta a Heisenberg:

"Es absolutamente falso tratar de construir una teoría basándose solo en magnitudes observables. En la realidad ocurre precisamente lo contrario. La teoría determina lo que podemos observar".

La némesis de la construcción práctica de esta realidad va de la mano con el convencimiento de que el mundo es de una determinada manera y no puede ser de otra.

La pitonisa de Delfos había profetizado que Edipo mataría a su padre y se casaría con su madre. Este mito es visto generalmente (debido a la visión que de él transmitió Freud) como la alegoría de la propensión libidinosa, considerada fundamental en todos los problemas emocionales, que el niño tiene hacia el padre de sexo contrario, y de los sentimientos negativos que tiene respecto al padre del mismo sexo. En cambio, como Karl Popper propuso, el mito se puede interpretar de manera muy diferente. Lo que los padres y el mismo Edipo (horrorizados por el presagio del oráculo) hicieron para evitar la predicción, condujo a su autocumplimiento. Esta es precisamente la esencia de toda profecía autocumplida (y las vemos muy a menudo en psicoterapia).

Rumores sobre la escasez de un artículo de consumo importante para muchos (por ejemplo, gasolina), llevan a las compras acaparadoras que de la noche a la mañana provocan la escasez, incluso cuando el rumor carece de fundamento. Basta con que un número suficientemente grande se la tome en serio. Quien, por las razones que sean, está convencido de que alguien le menosprecia, provoca una realidad interpersonal que ratifica cada día este convencimiento. Su modo de comportarse desconfiado, vulnerable y hostil provocará en los demás el comportamiento esperado por él, lo que demuestra que el mundo es así. "A menudo, la profecía es la causa principal del acontecimiento profetizado", escribió ya Hobbes en su *Behemoth*.

Por lo que se refiere a las consecuencias de un estilo de vida creador de realidad, se trata exactamente de una "dirección única" de relaciones lineales entre causa y efecto y no de interacciones regulares. Precisamente, el fenómeno de la profecía autocumplida muestra que el supuesto creador de la realidad puede provenir tanto de dentro como de fuera, pues si el origen de la profecía tiene lugar en la mente propia, si es la imagen guía de una determinada época cultural, si uno solo cree que los otros lo menosprecian o si ellos lo hacen realmente es indiferente en el momento que se ha construido el círculo de interacción en el que el efecto condiciona la causa y la causa condiciona el efecto. En este sentido, las conclusiones del biólogo chileno y teórico de sistemas, Varela, respecto a su tema "El círculo creativo" (1981), son perfectamente válidas por lo que se refiere a la comprensión de los estilos de vida: "Es fascinante que el mundo sea así de plástico, ni subjetivo ni objetivo, ni unitario ni separable, ni dual e inseparable. Esto apunta tanto a la naturaleza del proceso, que podemos percibir en la totalidad de su calidad formal y material así también como a los límites fundamentales de aquello que podemos comprender de nosotros mismos y del mundo. Demuestra que la realidad no está constituida sencillamente a nuestro antojo, porque esto significaría suponer que podemos elegir un punto de salida desde adentro. Prueba además que la realidad no puede entenderse como algo objetivamente dado, como algo que recogemos, porque esto significaría suponer un punto de partida externo. Demuestra, de hecho, una ausencia de fundamento sólido de nuestras experiencias, en las cuales nos son suministradas determinadas regularidades e interpretaciones, fruto de nuestra historia conjunta como seres biológicos y sociales. Dentro de estas áreas de la historia común que reposan sobre acuerdo tácitos, vivimos en una aparentemente interminable metamorfosis de interpretaciones que se suceden".

Capítulo 3
La comunicación distorsionada y patológica

En este capítulo, a partir de ciertos principios de comunicación, ya expuestos previamente, y otros que iremos describiendo a lo largo del desarrollo del capítulo, examinaremos de qué maneras y con qué consecuencias pueden verse distorsionados estos principios. Comprobaremos que las consecuencias de estos fenómenos distorsionantes a nivel de la conducta a menudo corresponden a determinadas psicopatologías individuales, de modo que, además de ejemplificar nuestra teoría, podremos dibujar otro marco de referencia desde el que puedan entenderse esas conductas que se consideran síntomas de enfermedad mental.

Es imposible no comunicarse

Tomando como ejemplo ilustrativo del título de este apartado, fijémonos en el caso de los esquizofrénicos. Estos pacientes, habitualmente, se comportan como si trataran de negar que se comunican y luego encuentran necesario negar también que esa negación constituye, en sí misma, una comunicación. Pero también es posible que el paciente dé la impresión de querer comunicarse sin aceptar el compromiso que trae consigo toda comunicación. Pongamos un ejemplo de un caso clínico:

Una joven diagnosticada de esquizofrenia entró de golpe en la consulta del psiquiatra con quien tenía una primera cita y dijo bruscamente nada más estar frente al médico: "Mi madre tuvo que casarse y ahora estoy aquí". El asombrado psiquiatra (antiguo conocido mío) necesitó semanas para deducir algunos de los infinitos significados que podía tener esa primera afirmación.

Finalmente, tras mucho averiguar sobre la paciente, llegó a unas primeras (y solamente posibles) conclusiones provisionales.

1. La chica era resultado de un embarazo no deseado.

2. Este hecho, de alguna manera, había causado su psicosis.

3. "Tuvo que casarse" se refería a la naturaleza forzada de la boda de su madre, y podía significar que la madre no era culpable de que la presión social la hubiera obligado a casarse o bien que la madre se arrepentía de esa decisión forzada en contra de su voluntad y por lo tanto rechazaba la existencia de su hija, que fue la culpable de que ella hubiera tenido que casarse.

4. "Aquí" significaba tanto el consultorio del psiquiatra como la existencia de la paciente e implicaba que, por un lado, la madre la había vuelto loca mientras que, por otro lado, estaba en deuda eterna con su madre, quién había traído al mundo a una niña no deseada en el fondo.

El idioma de los esquizofrénicos es un lenguaje que obliga al interlocutor a elegir entre los muchos significados posibles que no solo son distintos, sino que incluso pueden ser incompatibles entre sí. Así, se hace posible negar cualquier aspecto de un mensaje (o todos sus aspectos). Si se hubiera presionado a la paciente a que dijese que significaba su comentario podría haber dicho: "No lo sé, supongo que debo estar loca", si se le hubiese pedido que explicase algún aspecto concreto de lo que había dicho, podría haber respondido que no tiene ni la más mínima idea de lo que quiere decir.

Esto, aunque parece no tener sentido, sí lo tiene, aunque ciertamente no inmediato. Realmente la paciente está haciendo una descripción de la situación paradójica en la que se encuentra su vida. El comentario "debo estar loca" puede resultar muy adecuado en vista del grado de autoengaño necesario para adaptarse a este universo paradójico que es su vida.

Veamos el ejemplo contrario (e igualmente esquizofrénico) en *A través del espejo*, la segunda parte de *Alicia en el país de las maravillas* del matemático Lewis Carroll.

En un momento de la obra la Reina Blanca y la Reina Negra someten a Alicia a una especie de lavado de cerebro debido a que corrompen el estilo directo de comunicación. Las Reinas alegan que Alicia trata de negar algo y lo atribuyen a su estado de ánimo. Veámoslo:

> —*Estoy segura de que no quise decir...* —*empezó Alicia, pero la Reina Negra la interrumpió con impaciencia.*

—¡*Precisamente de eso me quejo! ¡Tendrías que haber querido decir! ¿Para qué supones que sirve un niño sin ningún significado? Hasta una broma debe tener un significado, y un niño es más importante que una broma, supongo. No podrías negar eso, aunque lo intentaras con ambas manos.*

—*No niego con las manos* —protestó Alicia.

—*Nadie dijo que lo hicieras* —dijo la Reina Negra—. *Dije que no podrías, aunque trataras.*

—*Se encuentra en ese estado de ánimo* —dijo la Reina Blanca— *en que quiere negar algo, pero no sabe qué negar.*

—*Un carácter desagradable y rencoroso* —observó la Reina Negra; *y luego hubo un incómodo silencio de uno o dos minutos.*

Carroll describe aquí, magníficamente los efectos de este tipo de comunicación ilógica, pues después de este episodio de lavado de cerebro, Alicia se desmaya.

Este fenómeno no se limita a los cuentos de hadas o a la esquizofrenia, sino que es más habitual de lo que parece en la interacción humana. El intento de no comunicarse (que es lo que hemos descrito con estos ejemplos) puede existir en cualquier contexto en el que se desee evitar el compromiso que lleva asociado toda comunicación. Una situación típica de este tipo es un encuentro entre dos desconocidos, uno de los cuales quiere entablar conversación y el otro no, por ejemplo, dos pasajeros en un avión que comparten un asiento. Supongamos que "A" es el que no quiere hablar. Hay dos cosas que "A" no puede hacer: no puede abandonar físicamente el campo comunicativo (el avión) y no puede no comunicarse, este contexto solo da unas pocas recciones posibles.

Aceptación de la comunicación

El pasajero "A" terminará por ceder y entablar conversación. Quizás se odie a sí mismo por su debilidad de carácter y a la otra persona por pesada, pero esto no nos interesa aquí. Lo significativo es que, una vez que "A" ha respondido a "B" diciéndole, por ejemplo, como se llama y cuál es el motivo de su viaje, no podrá evitar que a estas preguntas generales les sigan otras de carácter cada vez más personal y que se verá obligado a responder por haber iniciado la conversación.

Descalificación de la comunicación

A puede defenderse mediante la importancia técnica de la descalificación, es decir, puede comunicarse de modo tal que su propia comunicación o la del otro queden invalidadas. Las descalificaciones abarcan una amplia gama de fenómenos comunicacionales, como las autocontradicciones, incongruencias, cambios de tema, tangencializaciones, oraciones incompletas, malentendidos, estilo oscuro o manierismos idiomáticos, interpretaciones literales de la metáfora e interpretación metafórica de las expresiones literales, etc.

Un buen ejemplo de este tipo está sacado de una entrevista que se le hace a un sujeto voluntario normal que se siente incómodo al tener que responder una pregunta del entrevistador, pero también siente que debe responder, comprobamos cómo su comunicación se vuelve pobre tanto en cuanto a la forma como al contenido.

Entrevistador: ¿Qué tal le resulta Sr. R., que sus padres vivan en la misma ciudad que usted y su familia?

Sr. R.: Bueno, nosotros tratamos… esto personalmente quiero decir… este… yo prefiero que mi mujer solucione las cosas con ellos, en vez de hacerlo yo. Me gusta verlos, claro, pero trato de que no sea una obligación ir para aquí o para allá para que ellos… Ellos saben claramente que… siempre fue antes de que Mary y yo nos conociéramos y era algo aceptado (yo soy hijo único) y ellos preferían… en la medida de lo posible… esto, interferir. No creo que haya… de cualquier manera creo que siempre hay un, una corriente subterránea en cualquier familia, en nuestra familia o en cualquier otra. Y es algo que incluso Mary y yo sentimos cunado… nosotros dos somos más bien perfeccionistas. Y… esto sin embargo somos muy… somos… somos esto, rígidos y… esperamos lo mismo de los chicos y pensamos que si uno tiene que vigilar… quiero decir, si esto… si hay alguna interferencia de los parientes, nosotros pensamos… hemos visto eso en otros y nosotros… es algo contra lo cual mi propia familia trató de protegerse, pero… esto…

y… esto, es como en este caso, por qué nosotros…
yo no diría que nos mantenemos alejados de mis
padres.

No es raro que recurra a este tipo de comunicación aquel
que se ve atrapado en una situación en la que es obligado
a comunicarse, pero, al mismo tiempo, desea evitar el
compromiso inherente a toda comunicación.

Desde el punto de vista comunicacional no hay diferencias esenciales entre la conducta de un individuo
"normal" que ha caído en manos de un entrevistador experimentado y la de un llamado individuo "perturbado"
que se encuentra en parecido dilema: ninguno de los
dos puede abandonar el campo comunicativo, ninguno
puede no comunicarse, pero por las razones que sean no
desean hacerlo. En cualquiera de los dos casos, probablemente el resultado sea un discurso incoherente, con
la excepción de que, en el caso del enfermo mental, el
entrevistador (si se trata de un psicólogo conocedor de
los símbolos de la mente) tiende a entenderlo solo en términos de manifestaciones inconscientes, mientras que,
para el paciente, esas comunicaciones pueden constituir
una buena manera de complacer al psicólogo, mediante
el hecho de no decir nada pareciendo decir algo. De igual
forma, un análisis en términos de perturbación cognitiva
o irracionalidad deja de lado el contexto en tales comunicaciones. La comunicación alienada o patológica no es
necesariamente la manifestación de una mente enferma,
sino quizás la única reacción posible ante un contexto de
comunicación absurdo o insostenible.

EL SÍNTOMA COMO COMUNICACIÓN

Pero existe una cuarta respuesta que el pasajero "A" puede emplear para defenderse de la locuacidad del "B". Puede fingir somnolencia, sordera, borrachera, ignorancia del idioma o cualquier otra deficiencia o incapacidad que justifique la imposibilidad de comunicarse. En todos estos casos, entonces, el mensaje es el mismo: "a mí no me molestaría hablarle, pero algo más fuerte que yo, de lo cual no soy culpable, me lo impide". La técnica de recurrir a la fuerza de motivos que están más allá del propio control sigue ofreciendo un fallo. El pasajero "A" sabe que está engañando al otro. Pero la "treta" comunicacional se vuelve perfecta cuando una persona logra convencerse a sí misma de que se encuentra a merced de fuerzas que están más allá de su control y se libera así la censura por parte de los "otros significativos" y de los remordimientos de su propia conciencia. Con todo, esto solo significa que tiene un síntoma (neurótico, psicosomático o psicótico). Al describir la diferencia entre las personalidades norteamericanas y rusas, Margaret Mead señaló que un norteamericano podría utilizar la excusa de una cefalea para abandonar una reunión, mientras que un ruso sentiría realmente dolor de cabeza. En el campo de la psiquiatría, Fromm-Reichmann señaló, en un trabajo no muy conocido, el uso de los síntomas catatónicos como comunicación y, hace ya mucho, en 1954, Jackson indicó la utilidad que tienen los síntomas histéricos de un paciente para comunicarse con su familia.

Esta definición comunicacional de un síntoma quizá parezca contener un supuesto discutible, a saber, que es posible convencerse a sí mismo de esta manera. En lugar de recurrir al poco convincente argumento de que la experiencia clínica cotidiana corrobora plenamente este supuesto. Mc Ginnies realizó unos muy interesantes experimentos sobre "defensa perceptual". Se coloca a un sujeto frente a un taquitoscopio, un aparato mediante el cual pueden hacerse visibles palabras durante periodos breves de tiempo en una pequeña abertura. El umbral del sujeto se determina para unas pocas palabras de prueba y luego se le indica que informe al experimentador de todo lo que ve o cree ver en cada exposición. Se utilizan palabras neutrales y críticas, con carga emocional, por ejemplo, violación, suciedad, prostitución. Una comparación entre la actuación del sujeto con palabras neutrales y con las palabras críticas revela umbrales significativamente más altos de reconocimiento para las segundas, esto es, "ve" un número menor de tales palabras. Pero ello significa que, para lograr mayor número de fallas con las palabras socialmente reprobadas, el sujeto debe primero identificarlas como tales y luego convencerse de alguna manera que no pudo leerlas. Así se evita la incomodidad de tener que leerlas en voz alta frente al experimentador. En este sentido, debo mencionar que, en general, las personas que idean las pruebas psicológicas han descuidado el contexto comunicacional de dichas pruebas. Por ejemplo, no cabe duda alguna de que, para el sujeto, y para su rendimiento, la cosa será muy distinta si debe comunicarse con un viejo profesor, con un robot o con un joven simpático. De hecho, las investigaciones de Rosenthal sobre la distorsión proveniente del experimentador han confirmado la existencia de una corriente encubierta de comunicación compleja, efectiva y sutil aún en experimentos estrictamente controlados. Recapitulando, la teoría de la comunicación concibe un síntoma como un mensaje no verbal: No soy yo quien quiere o no quiere hacer esto, sino algo fuera de mi control, por ejemplo, mis nervios, mi enfermedad, mi ansiedad, mi mala vista, el alcohol, la educación que he recibido, mis padres o mi mujer.

La estructura de los niveles de comunicación

Una pareja en terapia matrimonial relató el siguiente episodio: Mientras se encontraba solo en casa, el marido recibió una llamada de un amigo, que le dijo que visitaría la ciudad durante unos días. El hombre invitó al amigo a pasar esos días en su casa, creyendo que no le molestaría a su mujer, quien también apreciaba mucho al amigo que tenían en común, y pensando que ella habría tomado la misma decisión. Sin embargo, cuando su mujer regresó a casa tuvieron una fuerte discusión con respecto a la invitación. Cuando el problema se examinó en la sesión terapéutica, ambos estuvieron de acuerdo en que la invitación era la cosa más natural y adecuada. Se sorprendieron al comprobar que, por un lado, estaban de acuerdo y, sin embargo, de algún modo también estaban en desacuerdo con respecto al mismo problema.

En realidad, había dos problemas en esta disputa. Uno se refería a la secuencia de conductas adecuadas en una situación específica, la invitación, y podía comunicarse en forma digital; el otro hacía referencia a la relación entre los comunicantes, la cuestión de quién tenía el derecho de tomar una decisión sin consultar al otro, y no podía resolverse tan fácilmente en forma digital, pues presuponía la capacidad del marido y la mujer para hablar acerca de su relación. En su intento de resolver el problema, esta pareja cometió un error muy común en su comunicación: estaba en desacuerdo en el nivel metacomunicacional (relacional), pero trataban de resolverlo en el nivel del contenido, donde el desacuerdo no existía, lo que les conducía a pseudodesacuerdos.

Otro esposo, observado también en terapia conjunta, logró descubrir por sí solo, y manifestar con sus propias palabras, la diferencia entre el nivel de contenido y el relacional. Él y su mujer habían experimentado muchas escaladas simétricas violentas, por lo común destinadas a establecer quién tenía razón con respecto a algún contenido trivial. Cierto día ella pudo demostrarle de manera concluyente que él estaba cometiendo un error, y él contestó "Bueno, quizás tengas razón, pero estás equivocada porque estás discutiendo conmigo". Todo psicoterapeuta está familiarizado con estas confusiones entre el aspecto del contenido y el aspecto relacional de un problema, sobre todo en la comunicación entre parejas, y también con la enorme dificultad con que se tropieza para eliminar la confusión. Mientras que para el terapeuta la monótona redundancia de los pseudodesacuerdos entre marido y mujer se hace evidente con bastante rapidez, los protagonistas suelen verlo como algo aislado y totalmente nuevo, por la simple razón de que las cuestiones prácticas y objetivas que se discuten pueden tener su origen en una amplia gama de actividades, desde los programas de televisión hasta el sexo, pasando por las tostadas para el desayuno. Esta situación fue magistralmente descrita por Koestler:

> *Las relaciones familiares pertenecen a un plano donde no rigen las normas corrientes del juicio y la conducta. Son un laberinto de tensiones. Disputas y reconciliaciones, cuya lógica es autocontradictoria, cuya ética surge de una cómoda jungla, y cuyos valores y criterios están distorsionados como el espacio curvo de un universo cerrado. Se trata de un universo saturado de recuerdos, pero son recuerdos de los que no se aprende nada; saturado de un pasado que no proporciona una orientación para el futuro. En este universo, después de cada crisis y cada reconciliación, el tiempo comienza de nuevo y la historia siempre está en el año cero.*

Antes de pasar a los trastornos que pueden surgir en el área de los aspectos de contenido y relacionales, consideremos a modo esquemático cuáles son las variaciones posibles:

1. En el mejor de los casos, los participantes

concuerdan con respecto al contenido de sus comunicaciones y a la definición de su relación.

2. En el peor de los casos, encontramos la situación inversa. Los participantes están en desacuerdo con respecto al nivel del contenido y también al de relación.

Entre ambos extremos hay varias formas mixtas importantes:

a) Los participantes están en desacuerdo en el nivel del contenido, pero no en el relacional. Ello significa que la estabilidad de su relación se verá seriamente amenaza en cuanto deje de existir la necesidad de acuerdo en el nivel del contenido. No resulta difícil encontrar ejemplos de esta secuencia. Como se sabe, muchos matrimonios tienen crisis justo cuando se superan las dificultades externas que hasta ese momento obligaban a los cónyuges a un esfuerzo conjunto y a un apoyo mutuo. Idéntico fenómeno puede observarse en la esfera política, cuando aliados con ideologías básicamente incompatibles se vuelven enemigos después de eliminar un peligro que constituía una amenaza para ambos (por ejemplo, Estados Unidos y la Unión Soviética después de la derrota de Alemania y Japón) o cuando hay un gobierno de coalición entre partidos con distinta orientación política. Este mismo mecanismo es de particular importancia en el campo de la dinámica familiar, a saber, la función del "chivo emisario" de un niño cuyo "problema" (bajo rendimiento escolar, enfermedad física, neurosis, psicosis, delincuencia) impone a los padres la necesidad constante de tomar decisiones conjuntas y de intervenir en momentos de crisis, lo que confiere a su relación una pseudoestabilidad que, en realidad no existe. En todos estos casos es posible predecir con certeza casi matemática que cualquier mejoría del paciente se verá seguida por una crisis marital que, a su vez, a menudo hace que reaparezca la patología del hijo.

b) Otra posibilidad son las confusiones entre los dos aspectos "contenido y relación", que ya mencioné previamente. Pueden consistir en un intento por resolver un problema relacional en el nivel del contenido (donde no existe) o, por el contrario, en una reacción frente a un desacuerdo objetivo con una variación del reproche básico: "Si me amaras no me contradecirías".

c) Por último y de particular importancia clínica, son todas aquellas situaciones en las que una persona se ve obligada de un modo u otro a dudar de sus propias percepciones en el nivel del contenido, a fin de no poner en peligro una relación vital con otra persona.

El fenómeno del desacuerdo ofrece un buen marco de referencia para estudiar los trastornos de la comunicación debidos a la confusión entre el contenido y la relación. El desacuerdo puede surgir en cualquiera de los dos niveles, y ambas formas dependen una de la otra. Por ejemplo, el desacuerdo con respecto al valor de la verdad de la afirmación "el uranio tiene 92 electrones", aparentemente solo puede resolverse si se recurre a prueba objetivas, tales como un texto de química, pues ello no solo demuestra que un átomo de uranio tiene, en efecto, 92 electrones, sino que uno de los antagonistas estaba en lo cierto y el otro estaba equivocado. De estos dos resultados, el primero resuelve el desacuerdo en el nivel del contenido y el otro crea un problema de relación. Es evidente que para resolver este nuevo problema los dos individuos no pueden seguir hablando sobre los átomos, sino que deben comenzar a hablar de sí mismos y de su relación. Con tal fin deben lograr una definición de su relación en términos de simetría o complementariedad, por ejemplo, el que estaba equivocado puede admirar al otro por su mayor conocimiento, o sentirse fastidiado por su superioridad y tomar la decisión de mostrarse superior a él en cuanto se le presente la oportunidad. A veces, si no pudiera esperar hasta la próxima ocasión, puede utilizar una técnica del tipo "al demonio con la lógica" y tratar de ganar la discusión afirmando que el numero 92 debe ser un error de imprenta o que tiene un amigo científico que acaba de demostrar que el número de electrones, en realidad, carece de significado, etc.

Definición del "self" y el otro

Supongamos ahora que la afirmación del uranio la

hace un físico a otro. En este caso el tipo de interacción que surja será probablemente muy distinta, pues la respuesta del otro tenderá a expresar rabia, dolor o sarcasmo: "sé qué piensas que soy un idiota, pero debo confesarte que durante algunos años fui al colegio..." o algo parecido. Lo que varía en esta interacción es el hecho de que aquí no hay desacuerdo en el nivel del contenido. Nadie pone en duda el valor de la aseveración: de hecho, esta no transmite información alguna ya que lo que afirma en el nivel de contenido es conocido por ambos participantes. Es este hecho, el acuerdo en el nivel del contenido, lo que evidentemente sitúa el desacuerdo en el nivel relacional, en otras palabras, en el campo metacomunicacional. Allí, sin embargo, ese desacuerdo equivale a algo que es mucho más importante desde el punto de vista pragmático que el desacuerdo en el nivel del contenido. Como ya vimos, en el nivel relacional las personas no comunican nada acerca de los hechos externos a su relación, sino que proponen mutuamente definiciones de esa relación, y por implicación, de sí mismos. Tales definiciones poseen sus propios niveles de complejidad. Así, para tomar un punto de partida arbitrario, la persona "P" puede ofrecer a la otra, "O", una definición de sí misma. P puede hacerlo en alguna de las numerosas formas posible, pero cualquiera que sea el qué y el cómo de su comunicación en el nivel del contenido, el prototipo de su metacomunicación será: "Así es como me veo". Es inherente a la naturaleza de la comunicación humana el hecho de que existan tres respuestas posibles por parte de "O" a la autodefinición de "P", y las tres son de gran importancia para la pragmática de la comunicación humana.

Confirmación

"O" puede aceptar (confirmar) la definición que "P" da de sí mismo, esta confirmación por parte de "O" de la visión que "P" tiene de sí mismo es probablemente el factor que más pesa en el desarrollo y la estabilidad mental que se ha podido detectar hasta el presente a partir de los estudios sobre la comunicación. Por sorprendente que parezca, sin este efecto autoconfirmador, la comunicación humana no se habría desarrollado más allá de los estrechos límites de los intercambios indispensables para la protección y supervivencia; no habría motivos de comunicarse por la comunicación misma. Sin embargo, la experiencia cotidiana demuestra que gran parte de nuestras comunicaciones tienden precisamente a ese propósito. La gran gama de emociones que los individuos experimentan los unos respecto de los otros (desde el amor hasta el odio) probablemente no existiría, y viviríamos en un mundo vacío de todo lo que no fueran las actividades más utilitarias, un mundo carente de belleza, poesía, juego y humos. Parecía que, completamente aparte del mero intercambio de información, el ser humano tiene que comunicarse con otros a los fines de su autopercepción y percatación, y la verificación experimental de este supuesto intuitivo se hace cada vez más convincente a partir de las investigaciones sobre la deprivación sensorial, que demuestra que el ser humano es incapaz de mantener su estabilidad emocional durante periodos prolongados en lo que solo se comunica consigo mismo. Pensemos que lo que los existencialistas llaman el "encuentro" corresponde a esta esfera, así como cualquier otra forma de conciencia incrementada de sí mismo que sobreviene como resultado de establecer una relación con otro individuo. Como sostiene Martin Buber:

> *En la sociedad humana, en todos sus niveles, las personas se confirman unas a otras de modo práctico, en mayor o menor medida, en sus cualidades y capacidades personales, y una sociedad puede considerarse humana en la medida en que sus miembros se confirman entre sí (…) La base de la vida del hombre con el hombre es doble, y es una sola: el deseo de todo hombre de ser confirmado por los hombres como lo que es, e incluso como lo que puede llegar a ser, y la capacidad innata del hombre para confirmar a sus semejantes de esta manera. El hecho de que tal capacidad esté tan inconmensurablemente descuidada constituye la verdadera debilidad y cuestionabilidad de la raza humana. La humanidad real solo existe cuando esta capacidad se desarrolla.*

RECHAZO

La segunda respuesta posible de "O" frente a la definición que "P" propone de sí mismo consiste en rechazarla. Sin embargo, por penoso que resulte, el rechazo presupone por lo menos un reconocimiento limitado de lo que rechaza y, por ende, no niega necesariamente la realidad de la imagen que "P" tiene de sí mismo. De hecho, ciertas formas de rechazo pueden ser incluso constructivas, como ocurre con la negativa de un psiquiatra a aceptar la definición que un paciente da de sí mismo en la situación transferencial y con la que el paciente puede tratar de imponer al terapeuta su propio "juego relacional".

Desconfirmación

La tercera posibilidad es, quizá, la más importante, tanto desde el punto de vista pragmático como desde el psicopatológico. Se trata del fenómeno de la desconfirmación, que, como veremos, es muy distinto del rechazo directo de la definición que el otro hace de sí mismo. William James escribió en una ocasión: "No podría idearse un castigo más monstruoso, aun cuando ello fuera físicamente posible, que soltar a un individuo en una sociedad y hacer que pasara totalmente desapercibido para sus miembros". No cabe duda de que tal situación llevaría consigo la pérdida de "la mismidad", que no es más que una traducción del término alienación, tal y como la observamos en la comunicación patológica. La desconfirmación ya no se refiere a la verdad o falsedad (si es que existen tales criterios) de la definición que "P" da de sí mismo, sino más bien niega la realidad de "P" como fuente de tal definición. Es decir, mientras que el rechazo equivale al mensaje "estás equivocado", la desconfirmación afirma: "Tú no existes". O, para expresarlo en términos más rigurosos, si en lógica formal se identificaran la confirmación y el rechazo del *self* del otro con los conceptos de verdad y falsedad, respectivamente, entonces la desconfirmación correspondería al concepto de indeterminación que, como se sabe, pertenece a un orden lógico distinto.

Citando a una autoridad, como es Laing, en este aspecto:

> *El patrón familiar característico que ha surgido en el estudio de familias de esquizofrénicos no incluye tanto a un hijo sometido a un descuido total o siquiera a un trauma evidente, sino a un hijo cuya autenticidad se ha visto sometida a menudo involuntariamente, a una mutilación sutil pero persistente. (…) El resultado de todo esto se alcanza cuando, independientemente de cómo (una persona) actúe o se sienta, independientemente de qué significado dé a su situación, sus sentimientos son tenidos en cuenta, sus actos son desconectaos de sus motivos, intenciones y consecuencias, la situación es despojada del significado que tiene para ella, de modo que quede totalmente confundida y alienada.*

Capítulo 4
Niveles de percepción interpersonal

A estas alturas del libro ya estamos en condiciones de volver a la jerarquía de mensajes que surge cuando analizamos las comunicaciones en el nivel relacional. Hemos visto que la definición que "P" da de sí mismo ("Así es cómo me veo...") puede tener tres respuestas posibles por parte de "O": confirmación, rechazo o desconfirmación. Ahora bien, estas tres respuestas tienen un denominador común, ya que por medio de cualquiera de ellas "O" comunica: "Así es como te veo".

Así, en el discurso a nivel metacomunicacional hay un mensaje de "O" a "P": "Así es como te veo". A este mensaje, "P" responderá con un mensaje que afirma, entre otras cosas, "Así es como veo que tú me ves", y "O", a su vez, con el mensaje "Así es como yo veo que tú ves que yo te veo", como ya sugerí cabría considerar que se trata, al menos teóricamente, de un *regretio ad infinitum*, aunque por motivos prácticos debemos suponer que resulta imposible manejar mensajes de un orden más alto de abstracción que el último que hemos mencionado. Ahora bien, cualquiera de estos mensajes puede ser sometido por el receptor a la confirmación, el rechazo o la desconfirmación y, naturalmente, esto se aplica también a la definición que "O" da de sí mismo y el discurso metacomunicacional con "P". Esto lleva a contextos comunicacionales cuya complejidad tambalea la imaginación y que, sin embargo, tienen consecuencias pragmáticas muy específicas.

IMPENETRABILIDAD

Las teorías psicológicas siguen estando basadas en gran parte en conceptos egocéntricos y monádicos. El psicoanálisis, por ejemplo, postula el "yo" el "superyó" y el "ello", pero no el "tú"; sin embargo, en la realidad interpersonal de la vida diaria, mi "yo" está la mayoría de las veces enfrentado por un *alter* y, desde el punto de vista del *alter*, mi "yo" es su *alter*. Así la visión que el otro tiene de mí es tan importante (por lo menos en las relaciones personales estrechas) como la visión que yo tengo de mí mismo, pero en el mejor de los casos, ambas visiones solo son más o menos similares. Este "más o menos" determina, más que cualquier otro factor, la naturaleza de nuestra relación y, por consiguiente, mi sensación (y la del otro) de ser entendidos y tener una identidad.

Una vez más tomamos como ejemplo un relato clínico de Laing:

> *Un hombre siente que su esposa no lo comprende. ¿qué puede significar esto? Podría significar que él cree que ella no comprende que él se siente abandonado. O él puede creer que ella no comprende que él la ama. O bien podría ser que él cree que ella cree que él es mezquino, cuando simplemente quiere ser cauteloso; que él es cruel, cuando él solo quiere mostrarse firme; que él es egoísta, cuando solo quiere evitar que lo traten como un felpudo.*

Su mujer puede sentir que él cree que ella cree que él es egoísta, cuando todo lo que ella quiere es que él sea un poco menos reservado. Ella puede creer que él cree que ella cree que él es cruel, porque ella siente que él toma siempre todo lo que ella dice como una acusación. Ella puede creer que él cree que la comprende, cuando ella en realidad cree que no ha empezado ni siquiera a verla como una persona real, y así sucesivamente.

Este ejemplo da una idea bastante clara de la compleja estructura de estos conflictos, de su impenetrabilidad y de los sentimientos concomitantes de desconfianza y confusión. Lo que hace ver que la impenetrabilidad sea tan difícil de resolver, desde el punto de vista terapéutico, es el hecho de que las relaciones no son realidades concretas, sino experiencias puramente subjetivas o construcciones hipotéticas. Ello significa que no son reales en el mismo sentido que lo son los objetos concretos de la percepción conjunta. Estos últimos pueden convertirse en el material de las comunicaciones digitales, son algo que está ahí afuera, algo que se puede señalar. Pero en las relaciones nosotros mismos estamos contenidos; en ellas solo somos partes de un todo más amplio, cuya totalidad no podemos captar, tal y como resulta imposible obtener una visión completa del propio cuerpo, puesto que los ojos, como órganos de percepción, forman parte del cuerpo que se intenta percibir. Además, si los órganos de la percepción interpersonal son impenetrables, esta ceguera inevitablemente lleva a conflictos para los cuales solo dos motivos parecen posibles: locura o maldad. Estos conflictos relacionales constituyen patrones cuya comprensión permite ver bajo una nueva luz muchos de los cuadros clínicos de la psicopatología tradicional.

En términos generales, resulta gratuito suponer no solo que el otro cuenta con la misma información que uno mismo, sino también que el otro debe sacar de dicha información idénticas conclusiones. Los expertos en comunicación han calculado que una persona recibe diez mil impresiones sensoriales (exteroceptivas y propioceptivas) por segundo. Resulta evidente, por lo tanto, que se necesita efectuar un proceso drástico de selección para impedir que los centros cerebrales superiores se vean inundados por información irrelevante. Pero, aparentemente, la decisión en cuanto a qué es esencial y qué es irrelevante, varía de un individuo a otro y parece estar determinada por criterios que, en gran medida, quedan fuera de la conciencia. Probablemente, la realidad es según como la vemos, o para decirlo en palabras de Hamlet "porque no hay nada bueno ni malo que no lo hagamos tal con solo pensarlo". Solo podemos conjeturar que en la raíz de estos conflictos de puntuación existe la convicción fuertemente establecida y no cuestionada, de que solo hay una realidad, y esta es el mundo tal y como "yo" lo veo, y que cualquier visión que difiera de la mía tiene que deberse a la irracionalidad o a la mala voluntad. Lo que podemos observar en casi todos estos casos de comunicación patológica es que constituyen círculos viciosos que no se pueden romper a menos que la comunicación misma se convierta en el tema de la comunicación; en otras palabras, hasta que los comunicantes estén en condiciones de metacomunicarse. Pero para ello tienen que colocarse *afuera* del círculo. Esa necesidad de salir de una contingencia dada para poder resolverla es uno de los temas recurrentes que quiero tratar en este libro.

CAUSA Y EFECTO

Solemos observar, en estos casos de puntuación discrepante, un conflicto acerca de cuál es la causa y cuál es el efecto, cuando en realidad ninguno de estos conceptos resulta aplicable debido a la circularidad de la interacción.

Desde el punto de vista pragmático hay muy poca o ninguna diferencia entre las interacciones de las naciones y los individuos una vez que la puntuación discrepante ha llevado a visiones distintas de la realidad, incluida la naturaleza de la relación y, en consecuencia, a un conflicto interpersonal o internacional. Veamos un ejemplo a nivel interpersonal:

Marido (al terapeuta): he aprendido con el tiempo que si quiero mantener la paz en casa no debo oponerme a hacer las cosas como ella quiere.

Mujer: Eso no es verdad. Lo único que quiero es que tengas algo de iniciativa y decidas tú alguna vez, porque…

Marido (interrumpiendo): ¡Si nunca me dejarías hacerlo!

Mujer: Claro que te dejaría, a veces lo he hecho, pero nunca pasa nada, nunca haces nada y, al final, tengo yo que hacerlo deprisa en el último momento.

Marido (al terapeuta): ¿lo ves? Ella no puede ocuparse de las cosas según se van presentando, las tiene que planear y organizarlas con una semana de antelación.

Mujer (enfadada): dame un solo ejemplo en los últimos años en que hayas hecho algo.

Marido: No sé si te puedo dar alguno... porque es mejor para todos... Es como con los chicos, es mejor dejarte que te salgas con la tuya o se lía una fuerte, de eso me di cuenta hace muchísimos años.

Mujer: Tú nunca te has portado de otra manera, así que no puedes saberlo, desde el comienzo me lo has dejado todo a mí.

Marido: Pero ¿qué dices? ¡Venga ya! (dirigiéndose al terapeuta). Supongo que se refiere a que siempre pregunto qué es lo que ella quiere. Vamos, por ejemplo, "¿dónde te gustaría ir esta noche?" o "¿qué quieres hacer el fin de semana?" y encima, en vez de agradecer que quiero ser amable con ella va y se enfada.

Mujer (al terapeuta): Lo que él no comprende es que, si una escucha todo el rato eso de "lo que quieras hacer, cariño, está bien" un mes, y otro mes y un año... pues una empieza a pensar que todo le da igual y nada le importa.

Idéntico mecanismo que este caso (que traté en mi consulta) puede observarse en este ejemplo que recojo de Laing y Emerson, en el que participan una madre y su hija esquizofrénica. Poco antes de su hospitalización, la hija atacó físicamente a la madre, aunque sin llegar a hacerle daño.

Hija: ¿Y bien? ¿Por qué te ataqué? Quizá buscaba algo, algo que me faltaba. Cariño, quizá tenía necesidad de cariño.

Madre: No querías nada de eso. Siempre pensaste que era empalagosa.

Hija: Ah, ¿sí? ¿Y cuándo me lo ofreciste?

Madre: Por ejemplo, si era yo la que quería darte un beso, decías "no seas pesada".

Hija: Pero nuca supe que tú me dejarías besarte.

Esto nos lleva al importante concepto de la "profecía autocumplida" que, desde el punto de vista de la interacción, constituye quizá el fenómeno más interesante en el campo de la puntuación. Esta profecía puede entenderse como el equivalente comunicacional de una *petitio principii*. Se trata de una conducta que provoca en los demás la reacción frente a la cual esa conducta sería apropiada. Por ejemplo, una persona que parte de la premisa "nadie me quiere", se comporta con desconfianza, a la defensiva, o con agresividad, ante lo cual lo más probable es que los otros reaccionen con desagrado, corroborando así su premisa original.

A nivel pragmático resulta irrelevante preguntarse

por qué una persona parte de tal premisa, de dónde surgió y hasta qué punto es inconsciente. En términos prácticos, lo que se puede observar es que la conducta interpersonal de ese individuo muestra esa clase de redundancia, y que ejerce un efecto complementario sobre los demás, forzándolos a asumir ciertas actitudes específicas. Lo que caracteriza la secuencia y la convierte en un problema de puntuación es que el individuo considera que él solamente está reaccionando ante esas actitudes de los demás, pero no las provoca.

Un uso curioso de las profecías autocumplidas puede encontrarse en la tradición de las familias judías orientales, donde los padres, por lo general, decidían el matrimonio de sus hijos y, evidentemente, la elección no siempre coincidía con lo que querían los hijos. Los padres solían utilizar los servicios de un casamentero profesional. Este conversaba primero con uno de los jóvenes y le decía confidencialmente que el otro estaba muy interesado en él o ella, pero que no se atrevía a decírselo. Por ejemplo, decía a la futura novia que se fijase en la forma en la que cierto joven la miraba cuando ella no lo observaba y, de manera igualmente secreta hacía lo mismo con el otro miembro de la futura pareja, por lo general, ambas profecías acababan cumpliéndose.

Hay una anécdota bastante divertida de estos errores comunicacionales en una novela de Daniele Varè, *The Gate of Happy Sparrows*. El protagonista es un europeo que vive en Pekín durante la década de 1920, está tomando lecciones de escritura china con un profesor nativo; el profesor le pide que traduzca una oración compuesta por tres caracteres, que el protagonista descifra (adecuadamente) como los signos correspondientes a "redondez", "sentado" y "agua". El protagonista intenta entonces combinar tales conceptos para formar una oración, elige "alguien se está dando un baño de asiento", el profesor le mira entonces con desprecio, dado que, en realidad, la oración consistía en una descripción poética de una puesta de sol en el mar.

Al igual que la escritura china, el material del mensaje analógico carece de muchos de los elementos que forman parte de la morfología y la sintaxis del lenguaje digital, es necesario proveer de tales elementos e insertarlos, tal como en la interpretación de los sueños se debe introducir en forma más o menos intuitiva la estructura digital en las imágenes poco claras del sueño.

El material de los lenguajes analógicos se presta a interpretaciones digitales muy distintas (tal y como vimos en el ejemplo anterior) y a menudo incompatibles. Así, al emisor no solo le resulta difícil verbalizar sus propias comunicaciones analógicas, sino que, si surge una controversia interpersonal en cuanto al comunicado de una comunicación analógica particular, es probable que cualquiera de los dos participantes introduzca, en el proceso de traducción al modo digital, la clase de digitalización que concuerde con "su" imagen de la naturaleza de la relación. El hecho de traer un regalo, por ejemplo, constituye sin duda una comunicación analógica, pero según la visión que se tenga de la relación con el dador del regalo, el receptor puede entenderlo como una demostración de amistad, un soborno o una compensación.

¿Cuál es el significado digital de empalidecer, temblar, transpirar y tartamudear cuando se somete a una persona a un interrogatorio? Puede constituir una prueba de su culpa o bien tan solo la conducta de una persona inocente que está realmente nerviosa y asustada por ser sospechosa de un delito que no ha cometido. La psicoterapia se ocupa de la digitalización correcta y correctiva de lo analógico (ese es uno de sus principales cometidos) de hecho el éxito o el fracaso de una interpretación depende de la capacidad del terapeuta para traducir un modo al otro, y de la disposición del paciente para cambiar su propia digitalización por otra más adecuada y menos angustiante.

Incluso cuando la traducción parece adecuada, la comunicación digital en el nivel relacional puede seguir resultando poco convincente.

Otro de los errores básicos que se cometen al traducir de un modo de comunicación al otro es el supuesto de que un mensaje analógico es por naturaleza afirmativo o denotativo, tal como lo son los mensajes digitales, pero generalmente no es así. A ese respecto, Gregory Bateson escribe: "Cuando un pulpo (o una nación) hace un gesto amenazador, el otro podría llegar a la conclusión de que aquél es fuerte o está dispuesto a luchar, pero esto no estaba incluido en el lenguaje original. De hecho, el mensaje mismo no es indicativo y sería mejor considerarlo como análogo a una propuesta o una pregunta en el mundo digital".

Debe recordarse, en ese sentido, que todos los mensajes analógicos invocan significados a nivel relacional, y que, por lo tanto, constituyen propuestas acerca de las reglas futuras de la relación. Mediante mi conducta puedo mencionar o proponer amor, odio, pelea, etc., pero es el otro el que atribuye futuros valores de verdad positivos o negativos a mi propuesta. Evidentemente, esto es fuente de muchos conflictos relacionales.

El lenguaje digital posee una sintaxis lógica que lo hace especialmente apto para la comunicación en el nivel del contenido, pero al traducir el material analógico al lenguaje digital deben introducirse las funciones lógicas de verdad, pues estas faltan en el modo analógico. Esta ausencia se vuelve especialmente notable en el caso de la negación, ya que falta el equivalente del "no" digital. En otras palabras, mientras que resulta muy fácil transmitir el mensaje analógico "te atacaré", es muy difícil transmitir "no te atacaré", al igual que resulta muy difícil, si no imposible, introducir negativos en los ordenadores analógicos.

Realmente la única solución para poder transmitir una negación consiste primero en demostrar o proponer la acción que se quiere negar y luego en no llevarla a cabo.

Esta conducta puede observarse tanto en animales como en el nivel humano. Se da una pauta comunicacional muy interesante para establecer relaciones de confianza entre seres humanos y delfines. Los delfines que se relacionan y conocen seres humanos saben, con su aguda capacidad de observación, que la mano es una de las partes más importantes y vulnerables del cuerpo humano, cuando los delfines tratan de establecer, en un estudio realizado en un delfinario de Florida, contacto y confianza con un desconocido, le tomaban la mano con la boca y la apretaban suavemente entre las mandíbulas. Las mandíbulas y dientes de un delfín son capaces de amputar fácilmente la mano de un ser humano. Si el ser humano se dejaba tomar la mano tranquilamente el delfín parecía aceptar este gesto como un mensaje de confianza y buena voluntad, entonces su próximo paso consistía en devolver la confianza colocando la porción ventral anterior de su cuerpo (su parte más vulnerable, equiparable, en cierto modo a la garganta de un ser humano) sobre la mano, el pie o la pierna del ser humano, manifestando que confiaba plenamente en que el humano no le haría daño.

Como sugiere el ejemplo del delfín, el ritual puede ser el proceso intermedio entre la comunicación analógica y la digital, ya que se asemeja al material de un mensaje, pero de una manera repetitiva y estilizada, ubicada entre la analogía y el símbolo. Así, podemos observar que algunos animales, por ejemplo, los gatos, establecen de una forma rutinaria una relación complementaria pero no violenta por medio del siguiente ritual. El animal "inferior" (por lo común el más joven o el que está fuera de su propio territorio) se coloca de espaldas dejando expuesta su vena yugular, que el otro gato aprieta entre sus mandíbulas (con fuerza controlada). Este método de establecer una relación del tipo "no te atacaré" parece ser comprensible para ambos; pero lo que resulta más interesante es que este método resulta eficaz también en la comunicación entre especies distintas, por ejemplo, gatos y perros. Los materiales analógicos a menudo se formalizan en los rituales de las sociedades humanas.

En un plano patológico este mismo mecanismo parece intervenir en el masoquismo sexual. Se tendría la impresión de que el mensaje "no te destruiré", solo resulta convincente (y solo alivia, al menos temporalmente, el profundo temor del masoquista a un castigo terrible) gracias a la negación analógica inherente al ritual de humillación y castigo, que podrá ser duro, o extremadamente duro, pero siempre se detendrá antes de un daño irreparable.

Quienes están familiarizados con la lógica simbólica podrán comprender ahora que quizá no sea necesario demostrar la ausencia de todas las funciones lógicas de verdad en el material analógico, sino solo algunas que son críticas. La función lógica de verdad de alteración (o no exclusividad) ideada para denotar "uno u otro o ambos", también está ausente en el lenguaje analógico. Resulta fácil transmitir el significado "uno u otro o ambos" en el lenguaje digital, pero no queda claro de qué manera podría insertarse esta relación lógica en el material analógico; seguramente sea, de hecho, imposible. Los lógicos simbólicos han señalado que para representar las diferentes funciones de verdad (negación, conjunción, disyunción, implicación y equivalencia) dos de ellas (negación y alternación) o bien (negación y conjunción) son suficientes. De acuerdo con este razonamiento, aunque no sabemos casi nada específico acerca de la importancia pragmática de la ausencia de las otras funciones de verdad en el material analógico, podemos llegar a la conclusión de que, puesto que estas no son más que variaciones de "no" y "o", presentarán dificultades similares de traducción.

Bateson y Jackson han señalado la importancia de la codificación analógica versus la digital en la formación de los síntomas histéricos. De acuerdo con estos autores, tiene aquí lugar un proceso opuesto al que hemos estado examinando, una nueva retraducción, por así decirlo, de los mensajes ya digitalizados al modo analógico.

> *Con respecto a la histeria surge un problema inverso, pero mucho más complejo. Sin duda, esta palabra abarca una amplia gama de patrones formales, pero parecería que por lo menos algunos casos implican errores de traducción del lenguaje digital al analógico. Si se despoja al material digital de sus indicadores de tipo lógico, se llega a una formación errónea de síntomas. La "jaqueca" que fue inventada como una excusa convencional para no realizar ninguna tarea puede volverse subjetivamente real y adquirir magnitudes concretas en la dimensión del dolor.*

Si tenemos en cuenta que la primera consecuencia de un derrumbe en la comunicación suele ser la pérdida parcial de la capacidad para metacomunicarse en forma digital acerca de los aspectos relacionales, este "regreso a lo analógico" parece una aceptable solución transaccional. La naturaleza simbólica de los síntomas de conversión y su afinidad con el simbolismo onírico, se conocen desde la época de Bernheim y Charcot. Y ¿qué es un símbolo sino la representación, en magnitudes reales, de algo que constituye en esencia una función abstracta, un aspecto de una relación?

A lo largo de toda su obra, Carl Jung demuestra que el símbolo aparece allí donde lo que llamamos "digitalización" aún no es posible, pero, la simbolización también tiene lugar cuando la digitalización ya no es posible y ello suele suceder cuando una relación amenaza con abarcar áreas sociales o moralmente prohibidas, como, por ejemplo, el incesto.

Patologías potenciales en la interacción simétrica y complementaria

Es importante destacar que la simetría y la complementariedad en la comunicación no son, en sí mismas, buenas o malas, normales o anormales. Ambos conceptos se refieren simplemente a dos categorías básicas en las que se pueden dividir todos los intercambios comunicacionales. Ambas cumplen funciones importantes y, por lo que sabemos sobre las relacione sanas, se puede llegar a la conclusión de que ambas deben estar presentes, aunque en alternancia mutua o actuando en distintas áreas. Ello significa que cada patrón puede estabilizar al otro cuando se produce una escapada excesiva hacia uno de ellos. No solo es posible, sino también necesario, que los dos participantes se relacionen simétricamente en algunas áreas y de manera complementaria en otras.

ESCALADA SIMÉTRICA

Como ocurre con toda pauta de comunicación, tanto la relación simétrica como la complementaria tienen sus patologías esenciales, que primero describiré y luego ilustraré con material clínico. En una relación simétrica existe siempre el peligro de la competencia (como ya vimos anteriormente). La igualdad parece ser más tranquilizadora si uno logra ser un poco "más igual" que los otros (famosa frase de Orwell). Esta tendencia explica la calidad de la escalada que caracteriza a la interacción simétrica cuando esta pierde su estabilidad dando lugar a lo que se llama una escapada, por ejemplo, disputas y luchas entre individuos o guerras entre naciones. Así, en los conflictos de pareja resulta fácil ver de qué manera los miembros de la pareja atraviesan una pauta de escalada de frustración hasta que, en un momento dado, se detienen agotados, física y emocionalmente, y mantienen una tregua inestable hasta que la pareja se recupera lo suficiente para iniciar el segundo asalto. Así, la patología en la interacción simétrica se caracteriza por una guerra más o menos abierta.

En una relación simétrica sana, cada participante puede aceptar la "mismidad" del otro, lo cual lleva al respeto mutuo y a la confianza en ese respeto, e implica una confirmación realista y recíproca del *self*. Cuando una relación simétrica se derrumba, por lo común observamos más bien el rechazo que la desconfirmación del *self* del otro.

COMPLEMENTARIEDAD RÍGIDA

En las relaciones complementarias puede darse la misma confirmación recíproca, sana y positiva. Las patologías de las relaciones complementarias, por otro lado, son muy distintas y en general equivalen a desconfirmaciones antes que a rechazos del *self* del otro. Por lo tanto, son más importantes desde un punto de vista psicopatológico que las peleas, más o menos abiertas de las relaciones simétricas.

Un problema característico de las relaciones complementarias surge cuando "P" exige que "O" confirme una definición que "P" da de sí mismo y que no concuerda con la forma en que "O" ve a "P". Ello coloca a "O" frente a un dilema muy particular: debe modificar su propia definición de sí mismo de forma tal que complemente y así corrobore la de "P", pues es inherente a la naturaleza de las relaciones complementarias el que una definición del *self* solo pueda mantenerse si el otro participante desempeña el rol específico complementario. A fin de cuentas, no puede haber una madre sin un hijo. Pero los patrones de relación madre-hijo se modifican con el tiempo. El mismo patrón que resulta biológica y emocionalmente vital durante una fase de la vida temprana del niño se convierte en un serio obstáculo para su desarrollo ulterior si no se permite que tenga lugar un cambio adecuado en la relación. Así, según el contexto, el mismo patrón puede ser acabadamente confirmador del *self* en un momento y desconfirmador en una etapa posterior (o prematura) de la historia natural de una relación.

Debido a su importancia psiquiátrica, la patología de las relaciones complementarias ha sido objeto de más atención en la literatura que su contraparte simétrica. El psicoanálisis las denomina relaciones sadomasoquistas y las entiende como una *liason* más o menos casual entre dos individuos cuyas respectivas formaciones caracterológicas alteradas se complementan. En tales relaciones observamos un sentimiento progresivo de frustración y desesperanza en los dos participantes o en uno de ellos. Se comprueba con frecuencia la queja acerca de sentimientos cada vez más atemorizantes de extrañamiento y despersonalización, de abulia y *acting out* compulsivo por parte de individuos que fuera de sus hogares (o en ausencia de sus parejas) son capaces de funcionar de forma satisfactoria y que, cuando se los entrevista individualmente, pueden dar la impresión de estar bien adaptados. Este cuadro cambia a menudo cuando se los observa en compañía de su complemento: entonces se hace evidente la patología de la relación. Quizá el estudio más notable sobre la patología de las relaciones complementarias sea el famoso trabajo *La folie à deux*, escrito por dos psiquiatras franceses hace cerca de cien años. El siguiente pasaje, tomado de este trabajo, demuestra qué poco original es en el fondo, nuestro "moderno" enfoque. Los autores describen primero al paciente y luego continúan:

> *Esta descripción corresponde a la persona insana, el agente que provoca la situación en el "délire à deux". Su compañero es una persona mucho más complicada*

de definir y, no obstante, una cuidadosa investigación nos enseñará a reconocer las leyes que ese segundo participante obedece en la insania comunicada... Una vez que el contrato tácito que une a ambos lunáticos está casi establecido, el problema consiste no solo en examinar la influencia del insano sobre el hombre supuestamente cuerdo, sino también en lo contrario, esto es, la influencia del individuo racional sobre el delirante y en mostrar cómo mediante mutuos compromisos se eliminan las diferencias.

Como ya señalé al comienzo de este apartado, los patrones de relación simétrica y complementaria pueden estabilizarse mutuamente, y los pasajes del uno al otro constituyen así importantes mecanismos homeostáticos, esto posee una consecuencia terapéutica; que, al menos en teoría, es posible provocar un cambio terapéutico de manera muy directa introduciendo la simetría en la complementariedad o la complementariedad en la simetría durante el tratamiento. Digo "al menos en teoría" por buenos motivos, pues es sabido qué difícil resulta en la práctica provocar cualquier tipo de cambios en sistemas rígidamente definidos donde cada uno de los participantes parece preferir "los males que ya tiene a los que ignora".

Capítulo 5
La comunicación paradójica

La paradoja ha fascinado a la mente humana durante los últimos tres mil años y sigue haciéndolo en la actualidad. De hecho, algunos de los logros más importantes de los siglos XX y XXI en el campo de la lógica, las matemáticas y la epistemología tienen que ver o están íntimamente relacionados con la paradoja, sobre todo el desarrollo de la metamatemática o teoría de las pruebas, la teoría de los tipos lógicos, y los problemas de congruencia, computabilidad, determinación, etc. Como no especialistas que somos, frustrados por la naturaleza compleja y esotérica de estos temas, nos inclinamos a dejarlos de lado aduciendo que son demasiado abstractos para tener importancia alguna en nuestra vida. Quizá algunos recuerden de su época del colegio las paradojas clásicas, aunque probablemente con algo con no mucho más valor que una simple adivinanza. Sin embargo, el propósito de este capítulo es el de mostrar que, en la naturaleza de la paradoja hay algo que encierra importancia pragmática inmediata, incluso existencial, para todos nosotros; la paradoja no solo puede invadir la interacción y afectar nuestra conducta y nuestra salud mental, sino que también pone a prueba nuestra creencia en la congruencia y, por lo tanto, en el sentido final de nuestro universo. La famosa máxima de Hipócrates, "Lo semejante cura a lo semejante", encierra, como veremos en este capítulo, un potencial terapéutico significativo.

Este enfoque pondrá de manifiesto que el examen del concepto de paradoja es de importancia fundamental y no constituye, de ningún modo, una huida hacia una torre de marfil, aunque primero tendremos que examinar sus fundamentos lógicos.

La paradoja puede definirse como una contradicción que resulta de una deducción correcta a partir de premisas congruentes. Esta definición nos permite excluir de inmediato todas esas falsas paradojas basadas en un error oculto en el razonamiento o en alguna falacia intencionadamente incluida en el argumento. Sin embargo, ya a esta altura la definición se vuelve borrosa, pues la división de paradojas en reales y falsas es relativa. Las premisas congruentes de hoy quizá se conviertan en los errores o las falacias de mañana. Por ejemplo, la paradoja de Zenón de Aquiles y la tortuga a la que no podía dejar atrás fue, sin duda, una paradoja "verdadera" hasta que se descubrió que las series convergentes, infinitas (en este caso, la distancia constantemente decreciente entre Aquiles y la tortuga) tienen un límite infinito. Una vez hecho este descubrimiento y comprobado, por tanto, que un supuesto hasta ese momento cierto era falso, la paradoja dejó de existir. W. Quine se refiere con claridad a este asunto:

> *La revisión de un esquema conceptual no carece de precedente. En pequeña medida, tiene lugar con cada progreso de la ciencia y sucede en gran escala con los grandes progresos, tales como la revolución copernicana y el paso de la mecánica de Newton a la teoría de*

la relatividad de Einstein. Podemos confiar en que, con el correr del tiempo, incluso llegaremos a acostumbrarnos a los más grandes de tales cambios y a considerar que los nuevos esquemas son naturales. Hubo una época en que la doctrina de que la Tierra gira alrededor del Sol recibió el nombre de paradoja copernicana, incluso entre quienes la aceptaban. Y quizá llegue una época en que las proposiciones verdaderas, sin subtítulos implícitos u otras prevenciones similares, realmente sonarán tan absurdas como lo revelan las antinomias.

LOS TRES TIPOS DE PARADOJA

Las antinomias, el término utilizado en la frase anterior requiere una explicación. "Antinomia" se utiliza a veces como equivalente de "paradoja", pero casi todos los autores prefieren limitar su empleo a las paradojas que surgen en sistemas formalizados, como en la lógica y las matemáticas.

En este capítulo veremos que no solo en la lógica y en las matemáticas pueden darse paradojas, sino también en el campo de la semántica y de la pragmática. Veremos como toda antinomia es una contradicción lógica, si bien no toda contradicción lógica constituye una antinomia. Existe, no obstante, una segunda clase de paradojas que se diferencia de las antinomias tan solo en un aspecto importante: no aparecen en los sistemas lógicos o matemáticos y, por lo tanto, no están basadas en términos tales como clase formal y número, sino que surgen más bien de lagunas o incongruencias ocultas en la estructura de niveles del pensamiento y del lenguaje. Este segundo grupo suele conocerse como "antinomias semánticas" o "definiciones paradójicas". Para finalizar existe un tercer grupo de paradojas que surgen en el curso de interacciones y determinan allí la conducta, son las llamadas "paradojas pragmáticas", veremos también que es posible dividirlas en "instrucciones paradójicas" y "predicciones paradójicas".

En síntesis, hay tres tipos de paradojas:

1. Paradojas lógico-matemáticas (antinomias)
2. Definiciones paradójicas (antinomias semánticas)
3. Paradojas pragmáticas (instrucciones paradójicas y predicciones paradójicas)

Estos tres tipos de paradojas corresponden dentro del marco de la teoría de la comunicación humana a las tres áreas principales de esta teoría. El primer tipo a la sintaxis lógica; el segundo a la semántica; y el tercero a la pragmática. Ofreceré algunos ejemplos de todas ellas.

PARADOJAS LÓGICO-MATEMÁTICAS

La paradoja más famosa de este grupo se refiere a "la clase de todas las clases que no son miembros de sí mismas". Está basada en las siguientes premisas: una clase es la totalidad de todos los objetos que poseen una determinada propiedad; así todos los gatos pasados, presentes y futuros comprenden la clase de los gatos. Habiendo establecido esta clase, el resto de todos los otros objetos en el universo pueden considerarse como la clase de los no-gatos, pues todos estos objetos tienen una propiedad definida en común: no son gatos. Ahora bien, cualquier aseveración según la cual un objeto pertenece simultáneamente a ambas clases constituye una contradicción, pues nada puede ser gato y no ser gato al mismo tiempo. Aquí no ha sucedido nada fuera de lo común; la existencia de esta contradicción demuestra simplemente que se ha violado una ley básica de la lógica, y la lógica no sufre ningún perjuicio por ello.

Pero dejando ahora de lado a los gatos y no-gatos individuales, y pasando al nivel lógico superior siguiente, consideremos qué clase de cosas son las clases mismas. Enseguida vemos que las clases pueden ser miembros de sí mismas o no. Por ejemplo, la clase de todos los conceptos es evidentemente un concepto en sí misma, mientras que nuestra clase de gatos no es en sí misma un gato. Así, en este segundo nivel, el universo vuelve a dividirse en dos clases, las que son miembros de sí mismas y las que no lo son. Además, toda afirmación según la cual una de estas clases es y no es un miembro de sí misma implicaría una contradicción que podría dejarse de lado sin mayores complicaciones.

Sin embargo, si se repite esta operación una vez más en el nivel superior siguiente, se produce de pronto un desastre. Nos basta con unir todas las clases que son miembros de sí mismas en una sola clase, que llamaremos "M" y todas las clases que no son miembros de sí mismas en la clase "N". Si tratamos ahora de establecer si la clase "N" es miembro o no de sí misma, caemos inevitablemente en la famosa paradoja de Russell. Recordemos que la división del universo en clases que se incluyen a sí mismas y clases que no se incluyen a sí mismas es exhaustiva y que, por definición, no puede haber excepciones. Por tanto, esta división debe aplicarse por igual a la clase "M" y a la clase "N". Así, si la clase "N" es un miembro de sí misma, no es un miembro de sí misma, pues "N" es la clase de las clases que no son miembros de sí misma. Por otro lado, si "N" no es miembro de sí misma, entonces satisface la condición de pertenecer a sí misma: es un miembro de sí misma precisamente porque no es un miembro de sí misma, pues el hecho de no pertenecer a sí misma constituye el rasgo distintivo esencial de todas las clases que componen "N". Ya no se trata de una simple contradicción, sino de una verdadera antinomia, pues el resultado paradójico está basado en una rigurosa deducción lógica, y no en una violación de las leyes de la lógica. A menos que haya alguna falacia oculta en la noción de pertenecer a una clase, resulta inevitable llegar a la conclusión lógica de que la clase "N" es un miembro de sí misma si, y solo si, no es miembro de sí misma, y viceversa.

En realidad, hay una falacia. Russell la puso de manifiesto al introducir su "teoría de los tipos lógicos". En pocas palabras, esta teoría postula el principio fundamental de que, como lo expresa Russell "todo lo que incluya a la totalidad de un conjunto no debe ser parte del conjunto". En otras palabras, la paradoja de Russell se debe a una confusión de tipos o niveles lógicos. Una clase pertenece a un tipo superior que el de sus miembros; para postularla tuvimos que ascender un nivel en la jerarquía de tipos. Por lo tanto, decir que la clase de todos los conceptos es en sí misma un concepto no es falso, sino que carece de significado, como explicaré más adelante. Se trata de una distinción importante, pues si la aseveración fuera simplemente falsa, entonces su negación tendría que ser verdadera, lo cual evidentemente no sucede.

DEFINICIONES PARADÓJICAS

El ejemplo de la clase de todos los conceptos constituye un puente que nos permite pasar de las paradojas lógicas a las semánticas (las definiciones paradójicas o antinomias semánticas). "Concepto" en el nivel inferior (miembro) y "concepto" en el nivel superior siguiente (clase) no son idénticos. El mismo nombre "concepto", sin embargo, se utiliza en ambos casos, y así se crea una ilusión lingüística de identidad.

Quizá la más famosa de todas las antinomias semánticas sea la del hombre que afirma con respecto a sí mismo: "estoy mintiendo". Al llevar esta aseveración a su conclusión lógica, nos encontramos una vez más con que es verdadera solo si no lo es; en otras palabras, que el hombre miente solo si dice la verdad y, viceversa, es veraz cuando miente. En este caso no resulta posible utilizar la teoría de los tipos lógicos para eliminar la antinomia, pues las palabras o combinaciones de palabras no tienen una jerarquía de tipo lógicos para eliminar la antinomia, pues las palabras o las combinaciones de palabras no tienen una jerarquía de tipo lógico. Fue también Bertrand Russell el primero en encontrar una solución. En el último párrafo de su introducción al *Tractatus Lógico-Philosophicus* de Wittgenstein, sugiere "que todo lenguaje tiene, como afirma el señor Wittgenstein, una estructura respecto a la cual, en el lenguaje, nada puede decirse salvo que puede haber otro lenguaje que trate la estructura del primero y tenga a su vez una nueva estructura, y que quizá no existan límites para esta jerarquía de lenguajes". Esto se convirtió en lo que ahora se conoce como la teoría de los niveles del lenguaje. En analogía con la teoría de los tipos lógicos, esta teoría protege contra una confusión de niveles. Postula que en el nivel más bajo del lenguaje se hacen aseveraciones con respecto a objetos. Este es el campo del lenguaje de objetos. Sin embargo, cuando queremos decir algo sobre ese lenguaje, debemos utilizar un metalenguaje, y un meta-metalenguaje si queremos hablar sobre ese metalenguaje, y así sucesivamente en una progresión teóricamente infinita. Si aplicamos este concepto de niveles de lenguaje a la antinomia semántica del mentiroso, puede comprobarse que su afirmación, aunque compuesta solo por dos palabras, encierra dos aseveraciones. Una de ellas está en el nivel objetal, y la otra en el metanivel, y dice algo acerca de la que corresponde al primer nivel, a saber, que no es verdadera. Al mismo tiempo, casi como si fuera un truco de magia, también está implícito que esa aseveración en el metalenguaje constituye en sí misma una de las aseveraciones acerca de la cual se hace la metaaseveración, que es asimismo una aseveración en el lenguaje objetal. En la teoría de los niveles del lenguaje, este tipo de autorreflexividad de las aseveraciones que implican su propia verdad o falsedad (o propiedades análogas, como la demostrabilidad, la definibilidad, la determinación, etc.) constituyen el equivalente del concepto de autopertenencia de una clase en la teoría de los tipos lógicos; ambas constituyen afirmaciones carentes de sentido.

Es cierto que cuesta aceptar la prueba que nos ofrecen los especialistas en lógica de que la afirmación del mentiroso carece de significado. Tenemos la impresión, ante esto, de que en alguna parte hay una trampa, esta sensación se hace aún más fuerte en otra famosa definición paradójica. En un pequeño pueblo hay un barbero que afeita a todos los hombres que no se afeitan a sí mismos. También aquí se trata de una definición exhaustiva, por un lado, pero por otro, nos lleva a una paradoja si intentamos ubicar al barbero entre los que se afeitan a sí mismos o entre los que no se afeitan a sí mismos. Y, también aquí, una rigurosa deducción demuestra que no puede existir un barbero de ese tipo; sin embargo, nos quedamos con una molesta sensación: ¿por qué no? Paciencia, con esta duda echemos ahora un vistazo a las consecuencias de la paradoja en el campo de la conducta o pragmático.

LAS PARADOJAS PRAGMÁTICAS

Existe una variante de la paradoja del barbero, que acabamos de exponer, en la que aparentemente sin motivo alguno, el barbero es un soldado a quien el capitán de su compañía le ordena afeitar a todos los soldados que no se afeitan a sí mismos, pero no a los otros. Desde luego solo se puede llegar a única conclusión lógica, y es la de que tal barbero no puede existir en la compañía. Cualquiera que haya sido el motivo del autor de esta paradoja (Reichenbach), proporciona un ejemplo excelente de una paradoja pragmática. En última instancia no existen motivos por los cuales esa orden no pueda llevarse a cabo por absurda que resulte desde el punto de vista lógico. Los ingredientes esenciales de esta contingencia son los siguientes:

1. Una fuerte relación complementaria (oficial y subordinado).

2. Dentro del marco de esa relación, se da instrucción de que se debe obedecer, pero también desobedecer para obedecerla (la orden define al soldado como alguien que se afeita a sí mismo si y solo si no se afeita a sí mismo, y viceversa).

3. La persona que ocupa la posición de inferioridad en esta relación no puede salir del marco y resolver así la paradoja haciendo un comentario sobre ella, es decir, metacomunicando acerca de ella (lo cual implicaría una insubordinación).

Una persona atrapada en tal situación se encuentra en una posición insostenible. Así, mientras que, desde un punto de vista puramente lógico, la orden del capitán carece de sentido y tal barbero supuestamente no existe, la situación tiene un aspecto muy distinto en la vida real. Las paradojas pragmáticas, sobre todo las instrucciones paradójicas, son mucho más frecuentes de lo que se podría suponer. En cuanto empezamos a estudiar la paradoja en contextos interaccionales, el fenómeno deja de ser un mero problema de interés para el lógico y el filósofo de la ciencia y se convierte en una cuestión de importancia práctica para la cordura de los comunicantes, sean estos individuos, familias, sociedades o naciones. Veámoslo con varios ejemplos:

Ejemplo 1. Es sintáctica y semánticamente correcto escribir Chicago es una ciudad populosa, pero es incorrecto escribir Chicago es trisilábica, pues en este caso deberían utilizarse comillas: "Chicago" es trisilábica. La diferencia entre estos dos usos de la palabra radica en que, en la primera aseveración, la palabra se refiere a un objeto (una ciudad) mientras que, en el segundo caso, esa misma palabra se refiere a un nombre (que es una palabra) y, por tanto, a sí misma. Así, los dos usos de la palabra "Chicago" son evidentemente de un tipo lógico distinto (la primera aseveración está en el nivel del lenguaje de objetos y la segunda en el de metalenguaje) y las comillas actúan como indicadores del tipo lógico.

Imaginemos ahora la posibilidad de que alguien condense ambas aseveraciones acerca de Chicago en una sola (Chicago es una ciudad populosa y trisilábica) y que se la dicte a su alumno y le amenace con suspenderle si no puede o no quiere escribirla correctamente. Desde luego el alumno no puede (y tampoco podríamos ninguno de nosotros). ¿Cuáles son entonces los efectos de esa comunicación sobre la conducta? Este es precisamente el interés de la pragmática de la comunicación humana. La superficialidad aparente de este ejemplo no debe cegarnos a su importancia retórica. No cabe duda de que la comunicación de este tipo crea una situación insostenible. Dado que el mensaje es paradójico, cualquier reacción frente a él dentro del marco establecido por él mismo debe ser igualmente paradójica. Es imposible comportarse de manera congruente y lógica dentro de un contexto incongruente e ilógico. Mientras el alumno del ejemplo permanezca dentro del marco establecido por su profesor, tiene solo dos posibilidades: tratar de complacerlo y comprobar que eso es imposible, o negarse a escribir nada. En el primer caso se le puede acusar de incompetencia, en el segundo de desobediencia. Debemos observar que, de estas dos acusaciones, la primera alega torpeza intelectual, y la segunda mala voluntad. Esto no está muy lejos de las típicas acusaciones de locura o maldad. En cualquiera de los dos casos es probable que el alumno reaccione emocionalmente, por ejemplo, llorando o enfadándose. Claro que a todo esto podríamos objetar que ninguna persona en su sano juicio se comportaría como ese profesor (teóricamente) con lo que, en opinión del alumno, significa que existen dos razones posibles para la conducta del profesor: o bien el profesor busca un pretexto para suspenderle y utiliza ese truco para conseguirlo o bien está loco. Una vez más, en estos casos como ya hemos visto con anterioridad, maldad o locura son las únicas explicaciones posibles. La situación cambia por completo si el alumno no permanece dentro del marco establecido y hace un comentario sobre él; en otras palabras, si comunica acerca de esa comunicación. Con ello sale del contexto creado y no queda atrapado por el dilema. Sin embargo, esto no suele ser fácil. Para empezar, tendría que indicar por qué la situación es insostenible y qué efecto ejerce sobre el alumno, lo que sería ya un logro bastante difícil. Otra razón por la cual la metacomunicación no constituye una solución simple radica en que el profesor, haciendo uso de su autoridad, puede rehusar a aceptar la comunicación del alumno en el metanivel y utilizarla como una nueva prueba de su incapacidad o rebeldía.

Ejemplo 2. Quizá la forma más frecuente en que la paradoja interviene en la pragmática de la comunicación humana es a través de una instrucción que exige una conducta específica, que por su misma naturaleza solo puede ser espontánea. El prototipo de este mensaje es: "¡Sé espontáneo!". Todo aquel que se enfrenta con esta instrucción se encuentra en una situación insostenible, pues para obedecerlo tendría que ser espontáneo dentro de un marco de sometimiento, de no–espontaneidad. Algunas variaciones de este tipo de instrucción paradójica son.
- "Debes quererme".
- "Quiero que me domines" (pedido por una mujer a su esposo pasivo).
- "Debería gustarte jugar con tus hijos, como a los otros padres".

- "No seas tan obediente" (los padres a un niño que consideran demasiado dependiente).
- "Sabes que eres libre de irte; no te preocupes si comienzo a llorar" (una madre a un hijo que quiere independizarse).

Los encargados del superprostíbulo microcósmico en la obra *The Balcony* de Genet se ven todos atrapaos en un dilema. Se paga a las prostitutas para que desempeñen los roles complementarios necesarios para que sus clientes vivan sus sueños, pero evidentemente esos sueños, o más bien las acciones relacionadas con ellos, son falsas en el sentido de que no corresponden a la realidad, pues saben que el pecador (uno de los clientes) no es un verdadero pecador, que el ladrón (otro de los clientes) no es un verdadero ladrón, etc. Del mismo modo, este es también el problema de un homosexual que anhela tener una relación con un hombre hetero (un deseo bastante habitual). En estos ejemplos, en el peor de los casos, el otro se niega a obedecer o, en el mejor de los casos, hace lo adecuado, pero por motivos erróneos, como la obediencia. En términos de simetría y complementariedad, estas instrucciones son paradójicas, porque exigen simetría dentro de un marco de una relación definida como complementaria. La espontaneidad surge en la libertad y desaparece en la restricción.

Ejemplo 3. Veamos ahora un ejemplo tomado del caso de un paciente esquizofrénico. Sus "voces" colocan al paciente en una situación insostenible, y luego se lo acusa de engaño o falta de buena voluntad cuando no puede responder a las instrucciones paradójicas que se le dan. Veamos el suceso en palabras del propio paciente:

Me atormentaban las órdenes de lo que, según yo imaginaba, era el Espíritu Santo, para que yo dijera otras cosas, hecho por el cual tantas veces como lo intenté, era tremendamente reprendido por comenzar con mi propia voz y no con la voz que se me daba. Esas órdenes contradictorias eran la causa, ahora tanto como antes, de la incoherencia de mi conducta, y esas imaginaciones constituyeron los principales motivos de mi posterior derrumbe total. Pues se me ordenaba hablar, bajo pena de horribles torturas, de provocar la ira del Espíritu Santo y de incurrir en la culpa de la más espantosa ingratitud; y al mismo tiempo, cuando intentaba hablar, era dura y acusatoriamente reprendido por no utilizar la expresión de un espíritu que me era enviado; y cuando volvía a intentarlo, seguía equivocándome, y cuando rogaba internamente y decía que no sabía qué debía hacer, se me acusaba de falsedad y engaño, y de no querer realmente hacer lo que se me ordenaba. Perdí entonces la paciencia y dije que se me quería confundir, decidido a mostrar que lo que me frenaba no era el temor ni la falta de voluntad. Pero en cuanto lo hice, sentí como antes el dolor en los nervios del paladar y la garganta al hablar, lo cual me convenció de que no solo me revelaba contra Dios, sino también contra la naturaleza; y caí en una sensación agonizante de desesperanza e ingratitud.

Ejemplo 4. Otro ejemplo tiene como protagonista histórico a Sigmund Freud. En este caso Freud obligó a sus perseguidores, las autoridades nazis, a enfrentarse a su propia paradoja con lo que consiguió salirse con la suya.

Los nazis habían prometido a Freud un visado para salir de la Austria ocupada por ellos, siempre y cuando firmara una declaración que decía: "He sido tratado por las autoridades alemanas, sobre todo por la Gestapo, con todo el respeto y consideración debido a mi reputación científica". Si bien en el caso personal de Freud tal afirmación seguramente fue cierta, en el contexto más amplio de la espantosa persecución de los judíos vieneses, ese documento implicaba una desvergonzada ficción de juego limpio por parte de las autoridades alemanas, sin duda con el fin de utilizar la fama internacional de Freud para propaganda nazi, haciéndoles aparecer como más pacíficos y amables de lo que desde luego eran en realidad. Así, a la Gestapo le interesaba mucho que Freud firmase la declaración. Freud tuvo que enfrentarse al dilema de firmarla y ayudar así al enemigo a expensas de su propia integridad moral, o negarse a firmar y sufrir las consecuencias. En términos de psicología experimental se enfrentaba a un conflicto de tipo evitación-evitación. Freud logró dar la vuelta a la situación y atrapar a los nazis en su propia trampa. Cuando el oficial de la Gestapo le trajo el documento para que lo firmara, Freud le preguntó si le permitía agregar una frase. Evidentemente, seguro de su posición de superioridad, el oficial aceptó la petición y Freud escribió de su puño y letra: "puedo recomendar la Gestapo a cualquiera de todo corazón". Ahora la situación se había invertido pues la Gestapo, que había obligado a Freud a alabarla, no podía oponerse a ser objeto de nuevos elogios. Pero todo el mundo que leyera aquello sabía que ese elogio equivalía a un devastador sarcasmo que despojaba al documento de todo valor como propaganda a favor de la Gestapo. Resumiendo, Freud había ubicado el documento en un determinado marco mediante una aseveración que formaba parte del documento y una negación, por medio del sarcasmo, de todo el documento.

Ejemplo 5. En el curso de la psicoterapia de un hombre joven, su psiquiatra le pidió que invitará a los padres a trasladarse desde una ciudad algo lejana para que pudieran tener por lo menos una sesión de terapia conjunta. Durante esta sesión se hizo evidente que los padres solo estaban de acuerdo entre sí cuando se aliaban contra el hijo, pero que estaban en desacuerdo en muchos temas. También se reveló que el padre había sufrido una depresión durante la infancia del hijo y no había trabajado durante cinco años, periodo en el cual vivieron del dinero de la madre, que poseía recursos económicos de una herencia. En el curso de la entrevista, el padre criticó al hijo por no ser más responsable, por no hacerse independiente y tener más éxito. En ese momento el terapeuta intervino y señaló que quizá el padre y el hijo tenían más en común de lo que parecía, aunque ninguno de los dos hombres prestó mucha atención al psiquiatra por crear dificultades entre ellos. Poco después la madre miró con amor y admiración a su hijo y dijo que, a fin de cuentas, lo único que querían él y su marido en el mundo es que su hijo tuviera un matrimonio tan feliz como el suyo. Definido en estos términos, la única conclusión es la de que un matrimonio es feliz cuando es infeliz y por implicación, que es infeliz cuando es feliz.

Es importante mencionar que el hijo quedó deprimido después de esa reunión y que, cuando acudió a la sesión individual siguiente, no pudo describir el origen de su estado de ánimo. Cuando se le señaló la paradoja implícita en el deseo de la madre, la recordó y fue como si de pronto se hubiera encendido una luz en su interior. Señaló que probablemente la madre había dicho cosas como esa durante muchos años, pero que él nunca podía haberlas identificado tal como le había sucedido en ese momento. Solía tener sueños en los que transportaba algo pesado, o luchaba contra algo, o se sentía arrastrado por algo, sin poder reconocer jamás qué era ese "algo".

Ejemplo 6. Una madre hablaba por teléfono con el psiquiatra de su hija esquizofrénica y se quejaba de que la chica estaba empeorando, lo cual en general significaba que la hija se había mostrado más independiente y había discutido con ella. Poco antes, por ejemplo, la hija se había mudado a un piso propio, algo que molestaba a la madre. El terapeuta pidió a la madre algún ejemplo de la conducta supuestamente perturbada de la hija y esta respondió: "Bueno, hoy, por ejemplo, quise que ella viniese a cenar y tuvimos una discusión muy fuerte, porque pensaba que no tenía ganas de venir". Cuando el terapeuta preguntó qué había ocurrido al final, la madre respondió con cierto enfado "Bueno, la convencí de que viniera, por supuesto, porque sabía que ella en realidad quería hacerlo y nunca tiene valor para decirme que no". Según la madre, cuando la hija dice "no", ello significa que en realidad sí quiere ir, porque la madre sabe mejor qué ocurre en la confusa mente de su hija; pero ¿qué ocurriría si la hija dijera "sí"? Un "sí" no significa "sí", sino solo que la hija nunca tiene el valor de decir "no". Así, tanto la madre como la hija están ligadas por esta manera paradójica de marcar los mensajes.

LA TEORÍA DEL DOBLE VÍNCULO (UN APUNTE SOBRE LA ESQUIZOFRENIA)

Los efectos de la paradoja en la interacción humana fueron descritos por primera vez por Bateson, Jackson, Haley y Weakland en un trabajo titulado *Toward a Theory of Schizophrenia*, publicado en 1956. Este grupo de investigadores enfocó el fenómeno de la comunicación esquizofrénica desde un punto de vista radicalmente distinto de aquellas hipótesis según las cuales la esquizofrenia constituye primariamente un trastorno intrapsíquico (un trastorno del pensamiento, una función yoica débil, una inundación de la conciencia por material del proceso primario, etc.), que afecta secundariamente las relaciones del paciente y las demás personas y, en algunos casos, las de estas con él. Bateson y sus colaboradores adoptaron el enfoque contrario y se preguntaron qué secuencias de la experiencia interpersonal provocarían (en lugar de ser el efecto) la conducta capaz de justificar el diagnóstico de esquizofrenia. Supusieron que el esquizofrénico "debe vivir en un universo donde las secuencias de hechos son de tal índole que sus hábitos comunicacionales o convencionales resulten en cierto sentido adecuados". Esto los llevó a postular e identificar ciertas características esenciales de tal interacción, para las cuales crearon el término "doble vínculo". Estas características constituyen también el denominador común subyacente a los ejemplos incluidos en la sección previa.

En una definición algo modificada y ampliada, los ingredientes de un doble vínculo pueden describirse de la siguiente manera:

- Dos o más personas participan en una relación intensa que posee un gran valor para la supervivencia física y/o psicológica de una, varias o todas ellas. Esas situaciones incluyen relaciones intensas, pero no se limitan a la vida familiar (en particular a la relación parento-filial), también abarcan, entre otras, la situación de enfermedad; la dependencia material; el cautiverio; la amistad; el amor; la lealtad hacia un credo, una causa o una ideología; los contextos que están bajo la influencia de las normas sociales o la tradición, y la situación psicoterapéutica.
- En este contexto, se da un mensaje que está estruc-

turado de tal modo que: a) afirma algo; b) afirma algo de su propia afirmación; y c) ambas afirmaciones son mutuamente excluyentes. Así, si el mensaje es una instrucción, es necesario desobedecerlo para obedecerlo; si es una definición del *self* o del otro, la persona así definida es esa clase de persona solo si no lo es. Así, el sentido del mensaje es indeterminado.

- Por último, se impide que el receptor del mensaje se evada del marco establecido por ese mensaje, bien sea metacomunicándose (comentando) sobre él o retrayéndose. Por tanto, aunque el mensaje carezca de sentido desde el punto de vista lógico, constituye una realidad pragmática. El receptor no puede dejar de reaccionar a él, pero tampoco puede reaccionar a él de una forma apropiada (no paradójica), pues el mensaje mismo es paradójico. Esta situación suele estar determinada por la prohibición más o menos explícita de manifestar que se tiene conciencia de la contradicción o del verdadero problema implícito. Por lo tanto, es probable que una persona en una situación de doble vínculo se vea castigada (o al menos se sienta culpable) por tener percepciones correctas, y sea definida como "mala" o "loca" incluso por insinuar que puede haber una discrepancia entre lo que realmente ve y/o lo que debería ver. Esta es la esencia del doble vínculo.

Desde que fuera formulado, este concepto ha llamado la atención tanto en psiquiatría como en las ciencias de la conducta en general, e incluso pertenece ya a la jerga política. El problema relativo a la "patogenicidad" del doble vínculo se ha convertido en el aspecto más debatido y peor comprendido de la teoría, vamos a examinarlo con el fin de aclararlo.

No cabe duda de que el mundo en que vivimos está lejos de ser lógico y de que todos hemos estado expuestos a dobles vínculos, a pesar de lo cual casi todos nosotros nos hemos ingeniado para conservar nuestra cordura. Sin embargo, la mayoría de tales experiencias son aisladas o espurias, aunque en su momento puedan ser de naturaleza traumática. Es muy distinta la situación cuando el contacto con los dobles vínculos es duradero y se convierte gradualmente en una expectativa habitual. Esto, desde luego, se aplica en particular a la infancia, ya que todos los niños tienden a llegar a la conclusión de lo que les sucede ocurre en todo el mundo: es la ley del universo, por así decirlo. Aquí, entonces, no se trata de un trauma aislado, sino más bien de un patrón definido de interacción. La cualidad interaccional de este patrón quizá se vuelva más clara si se recuerda que el doble vínculo no puede ser, en la naturaleza de la comunicación humana, un fenómeno unidireccional. Si, como vimos antes, un doble vínculo da lugar a una conducta paradójica, entonces esa misma conducta, a su vez, crea un doble vínculo para quien lo estableció. Una vez que dicho patrón ha comenzado a actuar, virtualmente carece de sentido preguntar "cuándo", "cómo" y "por qué" se estableció, pues los sistemas patológicos exhiben una cualidad de tipo círculo vicioso, curiosamente autoperpetuadora. En vista de ello, el problema de la patogenicidad del doble vínculo no puede resolverse en términos de una relación causa-efecto y tomada, por ejemplo, del modelo médico de la conexión entre la infección y la inflamación; el doble vínculo no causa esquizofrenia. Todo lo que puede decirse es que, cuando el doble vínculo se ha convertido en el patrón predominante de comunicación, y cuando la atención diagnóstica está limitada al individuo manifiestamente más perturbado, la conducta de este individuo satisface los criterios diagnósticos de la esquizofrenia. Solo en este sentido puede considerarse el doble vínculo como agente causal y, por lo tanto, patógeno. Esta consideración es necesaria para poder dar el paso conceptual que va desde la "esquizofrenia como una enfermedad misteriosa de la mente individual" a la "esquizofrenia como un patrón de comunicación específico".

Teniendo esto presente, podemos agregar ahora otros dos criterios a las características esenciales del doble vínculo, para definir su conexión con la esquizofrenia:

- Cuando el doble vínculo es duradero, posiblemente crónico, se convertirá en una expectativa habitual y autónoma con respecto a la naturaleza de las relaciones humanas y el mundo en general, una expectativa que no requiere refuerzo ulterior.
- La conducta paradójica impuesta por el doble vínculo es, a su vez, un doble vínculo, y lleva a un patrón de comunicación autoperpetuador. La conducta del comunicante más manifiestamente perturbado satisface los criterios clínicos de la esquizofrenia si se la examina de forma aislada.

De todo esto puede deducirse que los dobles vínculos no son solo instrucciones contradictorias, sino verdaderas paradojas. Ya nos referimos a la diferencia esencial entre una contradicción y una paradoja, cuando hablamos de las antinomias, y comprobamos que toda antinomia es una contradicción lógica, pero toda contradicción lógica no es una antinomia. La misma distinción es válida para instrucciones contradictorias versus instrucciones paradójicas (dobles vínculos), y se trata de una distinción de gran importancia porque los efectos pragmáticos de ambas clases de instrucciones son muy distintos. Nuestro pensamiento, la estructura lógica del lenguaje y nuestra percepción de la realidad en general están tan firmemente basados en la ley aristotélica de que "A" no puede ser al mismo tiempo "no Λ" que este tipo de contradicción es demasiado evidente y errónea para tomarla en serio. Incluso las contradicciones impuestas por la vida cotidiana no son patógenas. Cuando nos enfrentamos a dos alternativas mutuamente excluyentes, es necesario elegir; la propia elección puede no tardar en demostrar que ha sido errónea o bien se puede vacilar demasiado en tomar una decisión y así fallar. Tal dilema puede variar desde un ligero malestar por el hecho de no haber podido comerse una tarta y al mismo tiempo reservarla para cuando vengan los invitados hasta la desesperada situación de un hombre atrapado en el sexto piso de una casa en llamas y a quien solo le queda la alternativa de morir en el incendio o saltar por la ventana. Del mismo modo, en los experimentos clásicos en los que un organismo se ve expuesto a una situación de conflicto (acercamiento-evitación, acercamiento-acercamiento, evitación-evitación), el conflicto surge de lo que, en realidad, equivale a una contradicción entre las alternativas ofrecidas o impuestas. Los efectos de tales experimentos sobre la conducta pueden ir desde la indecisión, hasta una elección errónea o hasta morirse de hambre para escapar de un castigo, pero nunca a la patología peculiar que puede observarse cuando el dilema es auténticamente paradójico.

Esta patología está claramente presente en los famosos experimentos de Pavlov, en los que primero se adiestra a un perro para distinguir un círculo de una elipse y luego se lo vuelve incapaz de discriminar cuando la elipse se amplía gradualmente para que se parezca cada vez más a un círculo. Este es un contexto que contiene todos los ingredientes del doble vínculo. Pavlov ideó el término "neurosis experimental" para referirse a sus efectos en la conducta. El núcleo del asunto es que, en este tipo de experimento, el experimentador impone primero al animal la necesidad vital de una discriminación correcta y luego hace imposible la discriminación dentro de su marco. Así, el perro se ve lanzado a un mundo en el que su supervivencia depende de una ley que se viola a sí misma. A esta altura, el perro comienza a mostrar ciertos trastornos de conducta característicos: puede entrar en estado comatoso, o mostrar una extrema agresividad y, además, manifestará todos los síntomas fisiológicos de una ansiedad intensa.

Sintetizando: La principal distinción entre las instrucciones contradictorias y las paradójicas consiste en que, frente a una instrucción contradictoria, se elige una y se pierde, o se sufre, la otra alternativa. El resultado no es feliz pues hay que elegir el menor de entre dos males, que, aunque sea el menor sigue siendo un mal. Pero frente a una instrucción contradictoria, por lo menos, la elección es posible. La instrucción paradójica, sin embargo, impide la elección misma, nada es posible y se pone así en marcha una serie oscilatoria autoperpetuante.

Como comentario adicional quisiera señalar el hecho de que el efecto paralizante de la paradoja pragmática no se limita a los humanos, primates y mamíferos en general. Incluso los organismos con un sistema nervioso y un cerebro relativamente rudimentarios son igualmente vulnerables a los efectos de la paradoja. Ello implicaría que el fenómeno afecta a alguna ley fundamental de la existencia.

Pero volviendo a la pragmática de la comunicación humana, consideremos brevemente cuales son los efectos que los dobles vínculos tienden a producir en la conducta. En cualquier secuencia comunicacional, cualquier intercambio de mensajes disminuye el número de posibles jugadas siguientes. En el caso de los dobles vínculos, la complejidad del patrón se ve particularmente limitada y solo unas muy pocas reacciones resultan pragmáticamente posibles. Señalaré algunas de ellas.

Frente al insostenible absurdo de su situación, es probable que una persona llegue a la conclusión de que debe de estar pasando por alto indicios vitales, inherentes a la situación, ya que le ofrecen los interactores significativos. Este supuesto se vería fortalecido por el hecho evidente de que para los demás la situación parece muy lógica y congruente. La posibilidad de que tales indicios vitales sean retenidos deliberadamente por los otros solo constituiría una variación sobre el mismo tema. En cualquiera de los dos casos, y esto es de importancia básica, se verá obsesionado por la necesidad de encontrar esos indicios, de conferir sentido a lo que sucede en él y a su alrededor, y puede que se vea obligado a extender esta búsqueda de indicios y de sentido a los fenómenos más improbables y dispares. Este alejamiento con respecto a los problemas reales se vuelve más plausible cuando se recuerda que un ingrediente esencial en una situación de doble vínculo es la prohibición de percibir la contradicción implícita.

Por otro lado, esa persona puede elegir lo que los reclutas consideran como la mejor reacción posible frente a la lógica desconcertante, o a la ausencia de lógica, de la vida militar: obedecer a todos los mandatos en forma completamente literal y abstenerse de todo pensamiento independiente. Así, en lugar de lanzarse a una búsqueda interminable de significados ocultos, esa persona descarta, *a priori*, la posibilidad de que exista otro aspecto en las relaciones humanas aparte del más literal y superficial, o bien, de que un mensaje debe tener más significado que otro. Como se puede imaginar, tal conducta parecería absurda a cualquier observador, pues la incapacidad para distinguir lo trivial de lo importante, lo posible de lo imposible, constituye la esencia de la tontería.

La tercera reacción posible sería apartarse de toda relación humana. Ello puede lograrse mediante el aislamiento físico en la medida de lo posible y, además cerrando los canales de entrada de la comunicación cuando el aislamiento no basta por sí solo para producir el efecto deseado. Con respecto a la clausura de las entradas, es necesario referirse una vez más al fenómeno de "defensa perceptual". Una persona que se defiende de esta manera le parecería retraída, inabordable y autista a un observador. Es posible conseguir un resultado virtualmente idéntico (escaparse de la percepción de un doble vínculo) mediante una conducta hiperactiva tan intensa y persistente que ahogue la mayoría de los mensajes que entran. Estas tres formas de conducta frente a la indeterminabilidad que plantean los dobles vínculos reales o habitualmente esperados sugieren los cuadros clínicos de la esquizofrenia, esto es, de los subgrupos paranoide, hebefrénico y catatónico (estuporoso o agitado). Gregory Bateson lo explica así:

Estas tres alternativas no son las únicas. Lo cierto es que un individuo no puede elegir la alternativa que le permitiría descubrir qué quieren decir las personas; no puede, a menos que cuente con considerable ayuda, examinar los mensajes de los otros. Al serle ello imposible, el ser humano es como un sistema autocorrector que ha perdido su regulador; gira en espiral hasta alcanzar distorsiones interminables, si bien siempre de manera sistemática.

Como ya se señaló en varias ocasiones, la comunicación esquizofrénica es en sí misma paradójica, por lo cual impone una paradoja a los otros comunicantes y con ello completa el círculo vicioso.

PREDICCIONES PARADÓJICAS

A comienzos de la década de 1940 hizo su aparición una nueva paradoja. Aunque su origen parece desconocido, llamó enseguida la atención y se la ha tratado ampliamente desde entonces. Esta paradoja es de particular interés para el objetivo que estudia este libro, porque deriva su fuerza y su encuentro del hecho de que solo resulta concebible como una interacción en curso entre dos personas. Esta es la paradoja:

El director de una escuela anuncia a sus alumnos que pondrá un examen inesperado durante la semana siguiente, en cualquier día entre el lunes y el viernes. Los estudiantes, muy ingeniosos le dicen al director que, a menos que viole los términos de su propio anuncio y no se proponga poder un examen inesperado algún día de la semana siguiente, tal examen no puede tener lugar. Argumentan que, si hasta el jueves no ha puesto el examen, entonces es imposible ponerlo por sorpresa el viernes, ya que este sería el único día posible que queda. Pero, si ello permite eliminar el viernes como posible día para el examen, el jueves también queda eliminado por idéntica razón. Evidentemente el miércoles por la

*noche quedarían solo dos días: jueves y viernes. El vier-
nes, como ya se demostró, queda eliminado, con lo cual
solo queda el jueves, de modo que un examen puesto
el jueves ya no constituiría una sorpresa. Mediante
idéntico razonamiento, también resulta eventualmente
posible eliminar el miércoles, el martes y el lunes. No
puede haber un examen "inesperado". Puede suponerse
que el director escucha en silencio las disertaciones de
los alumnos y luego pone el examen, por ejemplo, el jueves por la mañana. A partir del momento en que hizo
el anuncio, él tenía planeado ponerlo ese día. Por otro
lado, ellos se enfrentan ahora a un examen completamente inesperado, precisamente porque se habían convencido de que no podía ser inesperado.*

Resumiendo: Una paradoja es una contradicción lógica que resulta de deducciones congruentes a partir
de premisas correctas. De los tres tipos de paradojas
(lógico matemática, semántica y pragmática) esta última nos interesa aquí debido a sus consecuencias en la
conducta. Las paradojas pragmáticas se distinguen de
la contradicción simple sobre todo en que la elección
constituye una solución en esta última, pero no es siquiera posible en la primera. Los dos tipos de paradojas
pragmáticas son las instrucciones paradójicas y las predicciones paradójicas.

Capítulo 6
Existencialismo y comunicación humana
(Epílogo)

A lo largo de este libro hemos considerado individuos en su nexo social (en su interacción con otros seres humanos) y hemos visto que el vehículo de esta interacción es la comunicación. Esta puede ser o no la medida en que debe de aplicarse una teoría de la comunicación humana. De cualquier manera, parece evidente que la concepción del hombre solo como un animal social no logra explicar al hombre en su nexo existencial, del cual la participación social es apenas un aspecto, aunque muy importante. Se plantea entonces el interrogante de si alguno de los principios de nuestra teoría de la pragmática de la comunicación humana puede ser útil cuando nuestro interés se desplaza de lo interpersonal a lo existencial y, en tal caso, de qué manera. Quizá nunca pueda darse una respuesta final, ya que para desarrollar este tema debemos abandonar el dominio de la ciencia y asumir una actitud subjetiva. Puesto que la existencia del hombre no es observable en el mismo modo en que lo son sus relaciones sociales, nos vemos forzados a abandonar la posición objetiva "desde afuera", pues a estas alturas en lo tratado en este libro, ya no hay un "afuera". El hombre no puede ir más allá de los límites de su propia mente; sujeto y objeto son idénticos en última instancia, la mente se estudia a sí misma, y es probable que cualquier aseveración acerca del hombre en su nexo existencial lleve a los mismos fenómenos de autoreflectividad que generan la paradoja. Así, de algún modo, este epílogo es una manifestación de fe: la creencia de que el ser humano existe en una relación amplia, compleja y privada con la vida.

En la biología moderna resultaría imposible estudiar el organismo, incluso el más primitivo, aislándolo de manera artificial de su medio. Como lo postula en particular la Teoría de los Sistemas Generales, los organismos son sistemas abiertos que mantienen su estado constante (estabilidad) y a menudo evolucionan hacia estados de mayor complejidad, por medio de un intercambio constante de energía e información con su medio. Si recordamos que, para sobrevivir, cualquier organismo debe obtener no solo las sustancias necesarias para su metabolismo, sino también información adecuada sobre el mundo circundante, comprendemos que la comunicación y la existencia constituyen conceptos inseparables. Así, el medio se experimenta subjetivamente como un conjunto de instrucciones acerca de la existencia del organismo y, en tal sentido, los efectos ambientales son similares a un programa informático. Norbert Wiener dijo alguna vez, refiriéndose al mundo, que puede vérselo como un conjunto de mensajes del tipo de "a quien pueda interesar". Pero existe una diferencia importante, que mientras el programa informático se presenta en un lenguaje que la máquina "comprende acabadamente, el impacto del medio sobre un organismo abarca una serie de instrucciones cuyo significado no es en modo alguno

evidente, sino que, más bien, al organismo le toca deco-
dificarlo de la mejor manera posible. Si a esto sumamos
el hecho de que, a su vez, las reacciones del organismo
afectan al medio, se hace obvio que incluso en los niveles muy primitivos de la vida tienen lugar complejas y
continuas interacciones que no son fortuitas y que, por
lo tanto, están gobernadas por un programa o, para emplear un término existencialista, por un significado.

Bajo esta luz, entonces, la existencia es una función
de la relación entre el organismo y su medio. En el nivel
humano, esta interacción entre el organismo y su medio
alcanza su más alto grado de complejidad. Aunque en
las sociedades modernas los problemas de supervivencia biológica han pasado a un segundo plano, y el medio,
en el sentido ecológico del término, está en gran medida
controlado por el ser humano, los mensajes vitales pro-
cedentes del medio que deben ser correctamente decodi-
ficados solo se han desplazado del campo biológico a un
dominio más psicológico.

Aparentemente el ser humano tiene una arraigada
propensión a atribuir a la realidad una existencia objetiva, a hacer de ella un amigo o un enemigo con el que
debe llegar a algún acuerdo. En el clásico estudio de Zil-
boorg sobre el suicidio, puede encontrarse el siguiente
párrafo, que viene muy al caso:

> *Parecería que , originalmente, el hombre aceptó la
> vida según sus propios términos; una enfermedad, cual-
> quier tipo de malestar, cualquier tensión afectiva in-
> tensa, lo hacía sentir que la vida había violado su con-*

*trato con él, por así decirlo, y entonces abandonaba a
su socio traidor... Evidentemente, la idea del paraíso
fue así creada por la humanidad no mediante el naci-
miento de Adán y Eva, sino a través de la aceptación
de la muerte por el hombre primitivo, que prefería la
muerte voluntaria antes de renunciar al ideal de lo que
la vida debería ser.*

La vida (o la realidad, el destino, dios, la naturaleza, la
existencia o cualquiera que sea el nombre que prefiera
dársele) es un socio al que aceptamos o rechazamos, y
por el cual nos sentimos aceptados o rechazados, apoya-
dos o traicionados. A este socio existencial, quizá tanto
como ocurriría con un socio humano, el sujeto propone
su definición de *self* y la ve luego confirmada o descon-
firmada. Y se esfuerza por recibir de él indicios acerca
de la naturaleza real de su relación.

¿Pero qué podemos decir entonces de estos mensajes
vitales que el ser humano debe de codificar de la mejor
manera posible para asegurar su supervivencia como
ser humano? Volvamos brevemente al perro de Pavlov
e intentemos pasar desde allí al campo de la experiencia
específicamente humana. Sabemos primero que hay dos
clases de conocimiento: conocimiento de las cosas y conocimiento acerca de las cosas.

El primero es la percepción que tenemos de los objetos a través de los sentidos; es lo que Russell llamó
"conocimiento por familiaridad" o Langer "conocimiento muy directo y sensual". Es el tipo de conocimiento
que tiene el perro de Pavlov al percibir el círculo o

la elipse, un conocimiento que nada sabe acerca de lo percibido. Pero en la situación experimental, el perro pronto aprende también algo acerca de esas dos figuras geométricas, y esto es que, de alguna manera, indican placer y dolor respectivamente, y que por tanto encierran un significado para su supervivencia. Así, si la percepción sensorial puede denominarse conocimiento de primer orden, este segundo conocimiento (acerca de un objeto) es conocimiento de segundo orden. Es conocimiento acerca del conocimiento de primer orden y, por lo tanto, metaconocimiento. Una vez que el perro ha comprendido el significado del círculo y la elipse en relación con su supervivencia, se comportará como si hubiese llegado a esta conclusión: "este es un mundo en el que estoy a salvo mientras sepa diferenciar un círculo de una elipse"; sin embargo, esta conclusión ya no sería de segundo orden, sino conocimiento obtenido acerca del conocimiento de segundo orden y, por lo tanto, sería conocimiento de tercer orden. En el caso del ser humano, el proceso de adquisición de conocimientos, de atribuir niveles de significado a su medio, a la realidad, es en esencia idéntico.

En un ser humano adulto, el conocimiento de primer orden rara vez se da solo. Equivaldría a una percepción para la cual ni la experiencia ni el contexto actual proporcionan una explicación, y la imposibilidad de explicarla y de predecirla probablemente haría que esa percepción provocara ansiedad. El ser humano nunca deja de buscar conocimientos sobre los objetos de su experiencia, de comprender su significado para su existencia y de reaccionar ante ellos según dicha comprensión. Por último, de la suma total de los significados que ha deducido a través de su contacto con numerosos objetos de su medio, surge una visión unificada del mundo en el que se ve a sí mismo "arrojado" (para usar un término existencialista), y esta visión es de tercer orden. Existen motivos suficientes para creer que, en realidad carece de importancia en qué consiste esta concepción del mundo de tercer orden, mientras ofrezca una premisa significativa para la propia existencia. El sistema delirante de un paranoico parece cumplir su función como principio explicativo del universo del paciente, tal como lo hace la concepción normal del mundo para otra persona. Lo importante, sin embargo, es que el hombre se maneja con una serie de premisas acerca de los fenómenos que percibe y que su interacción con la realidad, en su sentido más amplio (es decir, no solo con los otros seres humanos), está determinada por estas premisas. Esas premisas son el resultado de toda la experiencia de un individuo y, por lo tanto, su génesis está más allá de toda exploración. Pero no cabe duda de que el ser humano no solo puntúa las secuencias de hechos en una relación interpersonal, sino también de que el mismo proceso de puntuación interviene en el proceso, contantemente necesario, de evaluar y seleccionar las innumerables impresiones sensoriales que el sujeto recibe en cada segundo de su medio interno y externo. La realidad es, en gran medida, lo que la hacemos ser. Los filósofos existenciales proponen una relación muy similar entre el hombre y su realidad; conciben al hombre arrojado a un mundo opaco, amorfo y carente de sentido, a partir del cual el hombre mismo crea su situación. Por lo tanto, su manera específica de "ser en el mundo" es el resultado de su elección, es el significado que él confiere a lo que probablemente está más allá de la comprensión humana objetiva.

Otros estudios de las ciencias de la conducta han definido conceptos análogos o equivalentes a las premisas de tercer orden. Esta rama de la teoría del aprendizaje postula que, junto con la adquisición del conocimiento o de una habilidad, tiene lugar también un proceso por el cual la adquisición misma resulta progresivamente más fácil. En otras palabras, no solo se aprende, sino que se aprende a aprender. Bateson ideó el término "deuteroaprendizaje" para este tipo de aprendizaje de orden superior y lo describió de la siguiente manera:

> En la terminología semi-gestalt o semiantropomórfica, diríamos que el sujeto está aprendiendo a orientarse hacia ciertos tipos de contexto, o está adquiriendo insight en relación con los contextos de resolución de problemas... Cabe decir que el sujeto ha adquirido el hábito de buscar contextos y secuencias de un determinado tipo más que otro, el hábito de "puntuar" la corriente de hechos para producir repeticiones de un determinado tipo de secuencias significativas.

Nos encontramos con una notable diferencia cuando comparamos la capacidad del ser humano para aceptar o tolerar el cambio en el segundo o tercer nivel, respectivamente. El ser humano posee una capacidad casi increíble para adaptarse a los cambios que tienen lugar en el segundo nivel, como lo saben todos los que han tenido la oportunidad de observar la resistencia humana frente a las circunstancias más agobiantes. Pero parece que el ser humano cuenta con esa capacidad mientras no se violen sus premisas de tercer orden acerca de su existencia y el significado del mundo en que vive. A eso se debió referir Nietzsche cuando postuló que quien tiene un "por qué" para vivir puede soportar casi cualquier "cómo". Pero el ser humano parece estar mal equipado para enfrentarse a las incongruencias que amenazan sus premisas de tercer orden. El ser humano no puede vivir psicológicamente en un universo que para él carece de sentido. Como ya vimos, el doble vínculo trae este resultado desastroso, pero ese mismo resultado también puede ser provocado por circunstancias que están más allá del control o la intención humanas. Los escritores existenciales, desde Dostoievski hasta Camus, han tratado extensamente este tema, Kirillov, un personaje de la novela *Poseído* de Dostoievski, ha decidido que Dios no existe y, por lo tanto, para él ya no tiene sentido seguir viviendo:

(...) Kirillov permaneció inmóvil, con la mirada fija y estática. "Escuchan una gran idea: hubo un día en la Tierra y en medio de la Tierra se levantaban tres cruces. Uno de los que estaban en la cruz tenía tanta fe que dijo a otro: 'Hoy estarás conmigo en el Paraíso'. El día terminó; ambos murieron y ninguno de ellos en-

contró el Paraíso ni la resurrección. Sus palabras no se cumplieron. Escuchen: ese hombre era el más noble de toda la Tierra, el que le dio sentido a la vida. Todo el planeta, con todo lo que existe en él, es mera locura sin ese hombre. Nunca ha habido nadie como Él antes o después, jamás, hasta un milagro. Pues ése es el milagro, que nunca hubo ni habrá otro como Él. Y si es así, si las leyes de la naturaleza no lo respetaron ni siquiera a Él, no respetaron siquiera su milagro y lo hicieron vivir en una mentira, entonces todo el planeta es una mentira y descansa sobre una mentira y una burla. Así, entonces, las leyes mismas del planeta son una mentira y un "vaudeville" de demonios. ¿Para qué hemos de vivir? Responde, si eres un hombre".

Y Dostoievsky hace que el hombre a quien está dirigida esta pregunta dé esta respuesta "Eso es algo distinto. Me parece que tú has mezclado dos cosas distintas y eso es muy peligroso…". Siempre que surge un tema como éste del ejemplo, la cuestión del significado está implícita, y en este término no debe tomarse aquí en su connotación semántica, sino existencial. La ausencia de significado es el horror de la nada existencial. Es ese estado subjetivo en que la realidad ha retrocedido o ha desaparecido por completo y con ella toda conciencia del *self* y de los otros. Para Gabriel Marcel, "La vida es una lucha contra la nada". Y hace más de cien años Kierkegaard escribió: "Quiero ir a un manicomio y averiguar si la profundidad de la locura puede ayudarme a resolver el enigma de la vida". En tal sentido, la posición del ser humano frente a su misterioso socio no es, en lo esencial, distinta a la del perro de Pavlov. El perro aprende rápidamente el "significado" del círculo y la elipse, y su mundo se derrumba cuando el experimentador destruye de improviso ese "significado". Si examinamos nuestra experiencia subjetiva en situaciones comparables, encontramos que tendemos a suponer las acciones de un "experimentador secreto" detrás de las vicisitudes de nuestra vida. La pérdida o la ausencia de un sentido de la vida es, quizás el denominador más común de todas las formas de perturbación emocional; es específicamente la tan comentada enfermedad "moderna". El dolor, la enfermedad, la pérdida, el fracaso, la desesperación, la desilusión, el temor a la muerte o el mero aburrimiento, todos llevan al sentimiento de que la vida carece de sentido. En su definición más básica, la desesperación existencial es la penosa discrepancia entre lo que "es" y lo que "debería ser", entre las propias percepciones y premisas de tercer orden.

Wittgenstein muestra que solo lograríamos saber algo sobre el mundo en su totalidad si pudiéramos salir de él; pero, de ser ello posible, este mundo ya no sería "todo" el mundo. Sin embargo, nuestra lógica nada conoce fuera de él.

La lógica llena el mundo: los límites del mundo son también sus límites. Por lo tanto, no podemos decir en lógica: esto y esto hay en el mundo, aquello no hay.

Pues eso aparentemente presupondría que excluimos ciertas posibilidades, y ello no puede ocurrir, dado que, de otra manera, la lógica debe salir de los límites del mundo: es decir, si pudiéramos considerar esos límites también desde el otro lado.

Lo que no podemos pensar, no lo podemos pensar: por lo tanto, no podemos decir lo que no podemos pensar.

Así, el mundo es finito y, al mismo tiempo ilimitado, ilimitado precisamente porque no hay nada afuera que, junto con lo de adentro, pueda constituir un límite. Pero, en tal caso, se deduce que "el mundo y la vida son una sola cosa. Yo soy mi mundo" Así, el sujeto y el mundo ya no son entidades cuya función relacional está de alguna manera gobernada por el verbo auxiliar "tener" (que uno "tiene" a otro, lo contiene o pertenece a él), sino por el "ser" existencial: "El sujeto no pertenece al mundo, sino que es un límite del mundo" (los entrecomillados son de Wittgenstein).

Dentro de este límite es posible plantear y responder preguntas significativas: "Si es factible hacer una pregunta, entonces también se puede contestar". Pero "la solución al enigma de la vida en el espacio y en el tiempo está afuera del espacio y el tiempo. Pues como ya debe resultar evidente, nada dentro de un marco puede aseverar, o incluso preguntar, nada sobre ese marco. Por lo tanto, la solución no consiste en encontrar una respuesta al enigma de la existencia, sino en comprender que no hay enigma". Esta es la esencia de las hermosas frases del *Tractatus* de Wittgenstein, que recuerdan ciertas formulaciones del budismo Zen:

Para una respuesta que no puede expresarse, tampoco la pregunta puede expresarse. El enigma no existe...

Sentimos que, aunque se respondiera a todas las preguntas científicas posibles, los problemas de la vida seguirían sin tocarse en absoluto. Desde luego no queda, entonces, ninguna pregunta, y esta es tan solo la respuesta.

La solución del problema de la vida se vislumbra cuando ese problema se desvanece (¿Acaso no es esta la razón por la que los hombres, a quienes, al cabo de largas dudas, el sentido de la vida se les vuelve claro, no pueden decir en qué consiste ese sentido?)

Existe sin duda lo inexpresable. Esto se muestra a sí mismo, es lo místico...

De lo que no podemos hablar, debemos guardar silencio.

Bibliografía

Watzlawick, Paul. (2012). *El arte de amargarse la vida.* Barcelona: Herder Editorial.

Watzlawick, Paul. (2020). *La coleta del barón de Münchhausen.* Barcelona: Herder Editorial.

Watzlawick, Paul. (*1998*). *El sinsentido del sentido o el sentido del sinsentido.* Barcelona: Herder Editorial.

Watzlawick, Paul. (1996). *¿Es real la realidad?* Barcelona: Herder Editorial.

Watzlawick, Paul. (2012). *Lo malo de lo bueno.* Barcelona: Herder Editorial.

Bateson, Gregory. (2013). *Espíritu y naturaleza.* Buenos Aires: Amorrortu Editores.

Bateson, Gregory. (2012). *Una unidad sagrada.* Barcelona: Editorial Gedisa.

Bateson, Gregory. (1982). *Metálogos.* Buenos aires: Ed. Buenos Aires.

Bateson, Gregory. (1972). *Pasos hacia una ecología de la mente.* Buenos Aires: Carlos Lohle Ediciones.

Bateson, Gregory. (1935). *Culture Contact and Schismogenesis.* Eyre and Spottiswoode.

Bateson, Gregory. (1955). *A theory of play and fantasy.* Psychiatric Research Reports.

Bateson, Gregory. (1960). *The groups dynamics of Schizophrenia*. Illinois: Lawrence Appleby eds.

Benedict, Ruth. (1984). *Patterns of culture*. Boston: Houghton-Mifflin Company.

Neimeyer, Robert A. (2013). *Psicoterapia constructivista*. Bilbao: Ed. Desclée de Brouwer.

Freixas, G. y Besora, M. (2000). *Constructivismo y psicoterapia*. Bilbao: Ed. Desclée de Brouwer.

Neimeyer, Robert A. (1993). *Constructivism and the problem of psychotherapy integration*. Journal of Psychotherapy Integration.

Neimeyer, R. y Freixas, G. (1990). *Constructivist contributions to phsychotherapy integration*, Journal of integrative and eclectic pshycotheraphy.

Winslade, J. y Monk, G. (2001). *Narrative Mediation*. San Francisco: Ed. Jossey-Bass.

Winter, D. (1992). *Personal construct psychology in clinical practice*. Londres: Routledge.

Winter, D. y Watson, S. (1999). *Personal construct theory and the cognitive therapies: Different in theory but can they differentiated in practice?* Journal of Constructivist Psychology.

ÍNDICE